„In dem Augenblick, in dem man sich endgültig einer Aufgabe verschreibt, bewegt sich die Vorsehung auch.

Alle möglichen Dinge, die sonst nie geschehen wären, geschehen, um einem zu helfen. Ein ganzer Strom von Ereignissen wird in Gang gesetzt durch die Entscheidung, und er sorgt zu den eigenen Gunsten für zahlreiche unvorhergesehene Zufälle, Begegnungen und materielle Hilfen, die sich kein Mensch je so erträumt haben könnte.

Was immer du kannst, beginne es. Kühnheit trägt Genius, Macht und Magie. Beginne jetzt!"

Johann Wolfgang von Goethe

Günter Decker
Sabine Decker

Neue Schule für ALLE

Der Weg ist das Ziel einer
Persönlichkeitsentwicklung

Unsere Kontaktadresse:
Günter Decker
Ringstr. 3
81375 München
Tel.: 0173-5344118
Fax: 089-82955510
Email: guenter.decker@neue-zukunft-schule.de
Homepage: www.neue-zukunft-schule.de

© 2015 Günter Decker, Sabine Decker
Umschlag, Illustration:
Sabine Decker, Samantha Schütz

Verlag: tredition GmbH, Hamburg

ISBN
Paperback 978-3-7345-2190-4
Hardcover 978-3-7345-2191-1
e-Book   978-3-7345-2192-8

Printed in Germany

Inhalt

Danksagung

Ein herzliches Dankeschön gilt insbesondere Herrn Univ.-Prof. Dr. Heinz Decker, der uns dazu ermunterte, unsere Gedanken in einem kleinen Büchlein darzustellen.

Anmerkung:

Der Einfachheit und der Kürze halber und um den Lesefluss nicht zu stören, verwenden wir statt der Unterscheidung zwischen weiblicher und männlicher Ausdrucksformen nur die maskuline Form.

Vorwort

Unser persönliches Motiv für unser Buch

Vor 25 Jahren wurde mein erstes Kind geboren. Sebastian sollte mein Leben grundlegend beeinflussen. Er hat das „Down-Syndrom". In einer Zeit, als in Bayern behinderte Kinder noch von der Polizei aus ihren Dorfschulen geholt wurden, um sie dann in die damals sehr populären Förderschulen in weit entfernte Landkreisorte zu bringen, begann ich, darüber nachzudenken, wie ich demnächst meinen eigenen Sohn optimal fördern könnte. Trotz vehementen Widerstandes des hiesigen Stadtschulrates gelang es mir, mit extrem viel Einsatz und einer glücklichen Unterstützung durch das Kultusministerium, meinen Sohn in einer Montessori-Grundschule integrativ beschulen zu lassen. In den vier folgenden Jahren erlebte ich, wie Sebastian glücklich, seinen Möglichkeiten entsprechend gut in dieser Schule gefördert wurde. Er wuchs mit einer Selbstverständlichkeit mit den sogenannten „Normalen" in dieser Schulgemeinschaft auf. Da ich ihn auch sonst nicht versteckte und ihn im täglichen Leben überall mitnahm, entwickelte er sich zu einem sehr kommunikativen und freundlichen Mitmenschen.

Durch eine glückliche Fügung bekamen wir anschließend das Angebot, Sebastian in einer weiterführenden Montessori-Schule integrativ beschulen lassen zu dürfen.

Im dritten Lebensjahr der Schule wurde ich Schulleiter dieser Schule, des damals einzigen bayerischen Montessori-Gymnasiums und gleichzeitig auch Rektor der ebenfalls dort befindlichen Montessori-Hauptschule. Unter meiner Leitung entwickelten wir die folgenden 5 Jahre neue Strukturen um inklusiv, schulartübergreifend und unabhängig der Jahrgänge die Kinder und Jugendlichen dieser Schule zu begleiten. Ohne Noten führten wir sie erfolgreich zu den Abschlüssen „Quali", „Mittlere Reife" und „Abitur".

Die Wirkung der Kinder mit „Down-Syndrom" auf die sogenannten „normalen" Kinder war geradezu phänomenal! Schlüsselkompetenzen, soziale aber auch kognitive Kompetenzen, die heute in der Bildungspolitik formuliert werden, wurden dort von den Kindern entwickelt und gelebt. So ziehe ich heute die Bilanz, dass die Freiheitsgrade, die wir damals als Privatschule mit ca. 300 Schülern hatten, eine innere Seelenschau bei den Schülern ermöglichten, die letztlich zu einer Wertevermittlung führte, die wir in der Regelschule kaum erreichen. Eine Erklärung für diese Beobachtung mag sein, dass es sehr viele sogenannte Win-win-Situationen für alle beteiligten Personen an dieser

Schule gab. Trotzdem verstehe ich die Skepsis vieler Menschen, ob so etwas wirklich umsetzbar ist. Wir sind alle natürlich geprägt von unserer eigenen Schulzeit. Doch ich kann heute sagen: Es hat funktioniert! Viele Referendare und auch Lehrer, die vor Ort ihre Fortbildungen machten, waren sehr positiv beeindruckt und verließen uns mit der hilflosen Fragestellung: Wie sollen wir so etwas, oder zumindest manche Elemente von den gesehenen Strukturen in der Regelschule umsetzen?

In den letzten Jahren war ich wieder in die Regelschule zurückgekehrt, da die Stadt München auf Grund erheblichen Lehrermangels in meiner Fächerkombination Physik und Mathematik und dem damit verbundenen sehr hohen Eigenbedarf mich nicht mehr länger für die Privatschule freistellen konnte. Dort gelang es mir, zumindest einen kleinen Baustein dieses erlebten Gesamtkonzeptes im Regelschulbetrieb erfolgreich einzuführen und umzusetzen.

Auf Grund dieser Erlebnisse wollen wir nun versuchen eine neue Schule aufzubauen, die im Wesentlichen dem im dritten Teil ausgeführten Konzept folgen wird. Gleichzeitig möchten wir Sie, liebe Leser, auffordern sich bei uns zu melden, wenn Sie unsere Vorstellungen einer neuen Schule teilen und mitgestalten oder auch als Sponsoren tätig sein wollen.

Günter Decker

Mehrere Faktoren in meiner Vergangenheit beeinflussten mich derart, mich intensiver mit Pädagogik, insbesondere auch mit Reformpädagogik, auseinanderzusetzen.

Bevor ich nach dem Referendariat in den Schuldienst startete, nahm ich 2009 an dem Projekt High Seas High School (HSHS) als Lehrerin und Betreuerin teil. 25 Schüler aus ganz Deutschland segelten hierbei 7 Monate lang um die halbe Welt. Unter der Anleitung von erfahrenen Seglern lernten sie, was es heißt, einen 36m langen Zweimaster zu segeln, die Mannschaft an Bord zu verpflegen, das Schiff in Schuss zu halten. Sie übernahmen Verantwortung und übten sich vor allem in Selbstdisziplin. Viele Tätigkeiten wurden nach einiger Zeit mit großer Selbstverständlichkeit übernommen, an die kaum ein Jugendlicher zu Hause je im Traum gedacht hätte, sie jemals zu tun. Ich denke nur daran, wie schwer es ihnen fiel regelmäßig das Schiff zu reinigen und zu schrubben, und dazu gehörte natürlich auch die Toilette zu putzen.

Auf diesem beengten Raum waren Konflikte unumgänglich. Auseinandersetzungen, Konfliktlösungen und das Finden von Kompromissen gehörte zur Tagesordnung, sowie alle anderen Pflichten auch. Die Schüler wurden zwar auch in Mathematik, Deutsch, Englisch usw. unterrichtet, aber der Fokus lag ganz klar auf der Persönlichkeitsentwicklung. Nach dem Motto „Lernen mit Kopf, Herz und Hand" (Kurt Hahn) fanden hier an Bord Persönlichkeitsprägungen und Persönlichkeitsentwicklungen statt, die Jugendliche mehr als alles andere aufs Leben vorbereiteten.

Auf unserer Reise lernten wir Menschen anderer Kulturen und andere Lebensweisen kennen, die eigenen persönlichen Leistungsgrenzen wurden ausgetestet, Herausforderungen wurden gemeistert.

Die Erfahrungen, die ich an Bord machte, prägten mich ebenfalls sehr.

In mir erwachte der Wunsch, Kindern und Jugendlichen auf ihren Weg des Erwachsenwerdens zu begleiten und sie zu unterstützen, Verantwortung für sich selbst zu übernehmen.

Als ich 2010 nach München kam, lernte ich an meiner neuen Schule meinen zukünftigen Mann kennen, der wie kein anderer mich mit seinen Gedanken und Thesen zum Nachdenken anregte und mein Leben bereicherte.

So begann ich als Lehrerin die Schüler aus einem völlig anderen Blickwinkel zu betrachten. Ich interessierte mich zunehmend für die Entwicklungspsychologie, für das Lernen aus neurowissenschaftlicher Sicht und für reformpädagogische Erkenntnisse.

Im Alltag merkte ich allerdings schnell, dass meine Ideale weit von der täglichen Erfahrungswelt entfernt lagen.

So verging die Zeit wie im Fluge und die Erfahrungen aus meiner HSHS-Zeit verblassten zunehmend.

Die nächsten Meilensteine in meinem Leben waren schließlich die Geburten unserer beiden

Töchter. Während meiner Elternzeit vertiefte ich mich in die entwicklungspsychologischen Prozesse. Was läuft eigentlich bei einem so kleinen Wesen ab? Kann ich die Entwicklung unterstützen? Wenn ja, wie?

Ich befasste mich viel mit Entwicklungspsychologie, las Bücher u.a. von Jesper Juul, Remo Largo, usw.

Am meisten allerdings faszinierten mich die Ansichten von Maria Montessori, ihre Sichtweise vom Kind, das dafür kämpft, an Unabhängigkeit zu gewinnen und Selbstständigkeit zu erlangen, das in der Phase der polarisierten Aufmerksamkeit Wissen regelrecht aufsaugt wie ein Schwamm, dem man eine vorbereitete Umgebung bieten sollte, damit es sich gemäß seiner sensiblen Phasen das aussuchen kann, was es gerade bewegt. Und vor allem spürte ich in mir große Zustimmung, in der Sichtweise, welche innere Haltung der Lehrer gegenüber dem Kind innehaben sollte. In vielen Dingen fühlte ich mich bestätigt und war davon fasziniert, dass eine Frau, die vor 100 Jahren gelebt hatte, diese Beobachtungen schon so präzise niedergeschrieben hatte. Es ist eine völlig andere Sichtweise, von der ich überzeugt bin, dass sie der Wirklichkeit recht nahekommt.

Bei meinen eigenen, kleinen Kindern konnte ich viele Erkenntnisse und Beobachtungen Montessoris bewundernd bestätigen und ich beobachte sie großenteils immer noch.

Von 2013 bis 2015 machte ich schließlich die Ausbildung in der Montessori-Pädagogik für die Sekundarstufe.

Mein Blick auf unsere Schüler und auf das bestehende Schulsystem hat sich seitdem stark gewandelt. Ich möchte von meinen Erfahrungen berichten und meine Sicht darlegen, wie Schule anders gestaltet werden kann.

Sabine Decker

Der Aufbau des Buches

Verschiedene Schulalltagsituationen, die wir als Lehrer aber auch als Schüler erlebt haben, stellten uns immer wieder vor ähnliche Fragen. Worum geht es eigentlich in dem Komplex Schule? Was wollen wir Lehrer? Was wollen unsere Schüler? Was wollen deren Eltern? Was ist also das Ziel unseres gemeinsamen Bestrebens?

Im **ersten Teil** beschreiben wir einige Spots aus dem Schulalltag und Begebenheiten, die uns immer wieder als Denkanstöße dienten. Dabei gehen wir in diesem Zusammenhang auf einige zentrale Kernpunkte des Schulwesens ein, die wir aus unserer persönlichen Sicht als Lehrer oder auch als ehemalige Schüler schildern. Hierbei erheben wir nicht den Anspruch auf Vollständigkeit der Beschreibung der derzeitigen schulischen Situation in unserem Lande. Vielmehr verstehen wir unsere Ausführungen als Denkanstöße teilweise erfolgreiche Strukturen noch mehr zu optimieren.

Um diese Gedanken immer wieder mit dem theoretischen Hintergrund der Lernphysiologie und Lernpsychologie zu reflektieren, haben wir im **zweiten Teil** dieses Büchleins einige theoretische Überlegungen aus dem Bereich der Entwicklungspsychologie und Neurobiologie ausgeführt.

Unser Hauptaugenmerk und Herzblut ist im **dritten Teil** dieses Büchleins zu finden, in der Vision „Neue Schule für ALLE". Irgendwann im Laufe unserer zahlreichen Gespräche beschlossen wir unsere Gedanken niederzuschreiben und ein pädagogisches Konzept zu entwerfen. Wir hatten so viele Ideen, dass es anfangs gar nicht so leicht war, einen roten Faden zu finden. Doch wir schrieben stetig weiter, verwarfen Entwürfe, schrieben wieder neu, bis das Konzept so entstand, wie es im dritten Teil zu lesen ist. Dabei lernten wir, dass das Formulieren eines Konzeptes für ein lebendiges System, das ständig Veränderungen unterworfen ist und sich dynamisch immer stetig weiterentwickeln soll, nie fertig und vollständig sein wird. So bitten wir die unten aufgeführten Strukturen eher als eine grobe Startstruktur der Schule zu verstehen, die sich durch die steten, lebendigen Interaktionen mit besonders den Schülern dieser Schule noch in manchen Details verändern wird.

In vielen Gesprächen mit auch Außenstehenden, kamen viele Diskussionspunkte auf. Einige nach unserer Meinung wesentliche Fragen versuchten wir im **vierten Teil** unter den FAQs zu beantworten.

Erster Teil

Geschichten und Gedanken, die das Schulleben schreibt

Lehrer und Schüler reden aneinander vorbei

In meinem zweiten Jahr als gymnasiale Lehrkraft war ich die Klassenlehrerin einer 5. Klasse. Als Klassenleitung bekommt man einen deutlich intensiveren Kontakt zu seinen Schülern, da man während des Schuljahres mehr Zeit mit der Klasse verbringt, um auch organisatorische Dinge zu erledigen. So verbringt man unter anderem den Wandertag und eine Woche im Schullandheim zusammen.

In der 5. Jahrgangstufe war ich zudem mit sechs Wochenstunden Mathematik eingesetzt. Das ist relativ viel. In den oberen Jahrgängen hat man als Mathematiklehrer nur 3-4 Wochenstunden pro Klasse. Im Vergleich zur Grundschule ist das natürlich sehr wenig. Dort werden die Schüler in dieser Zeit hauptsächlich von einer Lehrkraft unterrichtet und betreut. Dadurch können sie einen engeren Bezug zur Lehrkraft - auch altersgemäß notwendig - aufbauen.

In dieser Jahrgangstufe ist mir am deutlichsten klargeworden, wie sehr sich die Bedürfnisse und Erwartungen der Kinder, wenn sie zu uns aufs Gymnasium kommen, von den Erwartungen vieler Lehrer unterscheiden.

Aus Sicht der Kinder betrachtet, beginnt ein großer neuer Lebensabschnitt. Weg von der Grundschule, in der alles noch recht überschaubar war. Eine Lehrerin, ein Klassenzimmer, man hatte seine Freundin oder Freund gefunden.... Im Gymnasium kommt zum Unterrichtsgong ständig ein anderer Lehrer. Auf jeden Lehrer muss man sich neu einstellen. Es dauert einige Zeit, bis man weiß, worauf er besonderen Wert legt. Auch muss man sich erst in dem riesigen Gebäude zurechtfinden. „Wo ist der Musiksaal? Wo muss ich für den Religionsunterricht hin? Den Weg zur Sporthalle habe ich vergessen!"

Ein zentrales Thema, das ich selbst unterschätzt habe, bevor ich es an meinen Schülern hautnah beobachten konnte, ist für die Kinder, ob sie in der Klasse sozialen Anschluss bekommen und Freunde finden.

Wir als Lehrer dagegen erwarten, dass die Kinder und Jugendliche jeglichen Alters in unserem Fach besonders motiviert sind und mitarbeiten, dass sie Feuer und Flamme für den fachlichen Inhalt und den bevorstehenden Wissenszuwachs sind. Ungeachtet dessen, dass der Kollege zuvor schon diese Erwartung hatte und der darauffolgende Kollege ebenso diese Erwartung haben wird. Vor allem auch ungeachtet dessen, dass Jugendliche in ihrer Pubertät ganz andere Themen und Inhalte beschäftigen. Ein Schüler sollte demzufolge von 8 Uhr bis 13 Uhr – bis auf die Pausen – hoch konzentriert und hoch motiviert, genau zu dem Zeitpunkt, wenn das Fach auf dem Stundenplan steht, Lust und Freude am Arbeiten und Lernen speziell in diesem Fach aufbringen.

Dieses Missverständnis zwischen Schülern und Lehrern ist eindeutig strukturbedingt. Viele Schüler fühlen sich fremdbestimmt und deshalb kaum verantwortlich für ihr Lernen und ihren Wissenszuwachs. Stattdessen wird der Lehrer dafür verantwortlich gemacht. Sie begeben sich in eine Konsumhaltung und wollen bedient werden. Von intrinsischer Motivation ist bei einem Großteil der Schüler kaum etwas zu spüren, was auch schwer erreicht werden kann, denn in der Regel geben wir als Lehrer vor, was die Schüler alle gemeinsam in der Unterrichtsstunde bearbeiten sollen und was in einem absehbaren Zeitraum von allen Schülern abgeprüft wird, egal ob der Schüler überdurchschnittlich begabt oder gut ist, oder ob er in manchen Dingen lieber in seinem eigenen Tempo arbeiten würde, oder ob er eventuell mehr Unterstützung vom Lehrer oder von guten Mitschülern bräuchte.

In meinem ersten Jahr als Klassenlehrerin einer 7. Klasse musste ich die Zeugnisbemerkungen über Verhalten und Mitarbeit angeben. Bei uns an der Schule gab es ein „Baukastensystem". Eine bestimmte Nummer entsprach einer bestimmten Formulierung für eine Bemerkung. So musste ich nur pro Schüler die Kennungen notieren und unsere Sekretärinnen übertrugen diese in das Programm und am Ende erschienen 3 bis 4 ausformulierte Sätze, die den Schüler beschrieben.

Ich wählte nach meinem Ermessen die Bemerkungen aus und gab sie meinen 11 Kollegen, welche diese Klasse ebenfalls unterrichteten, zur Ansicht, um ihre zusätzlichen Anmerkungen zu ergänzen. Tatsächlich gab es bei einzelnen Schülern unterschiedliche Meinungen zum Verhalten, so dass ich auf Drängen der Kollegen ein, zwei Bemerkungen sogar ins Negative abänderte.

Am Tag der Zeugnisvergabe bemerkte ich, dass dies ein Fehler gewesen war. Einer meiner Siebtklässler kam auf mich zu, und konfrontierte mich mit der Frage, warum er diese Zeugnisbemerkung bekommen habe. Damals erschien es mir unerheblich, welche Bemerkung ich angab. Ich unterstellte, dass es den Schülern egal sei. Aber sie wussten nicht, was ich wusste. Sie wussten nicht, wie die Zeugnisbemerkung zustande kam, dass es nur Satzbausteine waren, die zusammengefügt wurden. Meine Schüler dachten, die Formulierungen stammen von mir persönlich und dass ich sie so wahrgenommen hatte. Der Siebtklässler war offensichtlich sehr enttäuscht. Er selbst hat sich nicht so gesehen und nun glaubte er, ich hätte eine schlechte Meinung von ihm. Für ihn war diese Zeugnisbemerkung so wichtig, dass es ihm sogar ein Bedürfnis war, mich darauf anzusprechen.

Diese Situation machte mir bewusst, wie sehr wir durch unsere Erwartungen und Sichtweisen Kinder und Jugendliche beeinflussen, wie wichtig es ihnen ist, welche Meinung wir von ihnen haben. Die Schüler wollen in ihrer eigenen Welt und Sicht wahrgenommen werden.

Daher dürfen die Rolle des Lehrers und seine innere Haltung nicht in den Hintergrund geraten. Idealerweise versucht der Lehrer nicht nur aus seiner persönlichen Sicht den Schüler wahrzunehmen, sondern er entwickelt eine gewisse Empathie, um Situationen aus der Sicht der Schüler einzuschätzen.

Um dem eben angeführten Missverständnis zu begegnen, kann eine Rückkopplung zwischen Lehrer und Schüler eingebaut werden. Der Schüler wird in den Beschreibungsverlauf eingebunden, indem er beispielsweise einen Selbsteinschätzungsbogen ausfüllt und dann mit seinem Lehrer bespricht. Es sollte nicht so ablaufen, dass der Lehrer etwas formuliert und dem Schüler dann das fertige Ergebnis, wie aus heiterem Himmel kommend, vorgesetzt wird.

Die Rolle des Lehrers während der Unterrichtszeit und innerhalb des Schulsystems und innerhalb der Gesellschaft muss wieder neu definiert werden.

Ein konkretes Beispiel zeigt die Grundproblematik auf

Ein konkretes Beispiel, das mir hierzu spontan einfällt, handelt von einer Schülerin namens Leonie – Name ist geändert –, die in eine 5. Klasse ging. Eine Freundin von mir war ihre Klassenlehrerin. Sie erzählte mir, was damals vorgefallen war:

In den Augen meiner Freundin, war Leonie ein ruhiges, etwas schüchternes Mädchen mit großen dunkelbraunen Augen. Manchmal erinnerte sie sogar an ein scheues Reh. Sie war sehr pflichtbewusst und arbeitete gut mit. Alles in allem eine Schülerin, die dem Lehrer eher Freude bereitete oder zumindest nicht negativ auffiel.

Eines Tages in der Mitte des Schuljahres kam die Mutter zu meiner Freundin in die Sprechstunde und fragte sie, wie schlimm es ganz allgemein für die schulische Laufbahn sei, wenn man als Schülerin einen Verweis erhalte. Sie begann, darauf zu antworten, bis sie der Mutter schließlich die Frage stellte, warum sie das überhaupt wissen wollte. Ihre Tochter sei doch alles andere als ein möglicher „Verweis-Kandidat". Schon stand meine Freundin im Fettnäpfchen. Denn Leonie hatte tatsächlich einen Verweis von einer Kollegin bekommen. Meine Freundin versuchte, ihrer Kollegin nicht in den Rücken zu fallen und erkundigte sich, was denn der Anlass dafür gewesen war.

Die Situation war folgende: Die Klasse wurde im Biologiesaal im Fach „Natur und Technik" unterrichtet. Leonie saß in der mittleren Reihe in der Mitte. Sie kam Kaugummi kauend in den Unterricht, nahm Platz und als der Unterricht schon einige Zeit lief, fiel der Kollegin auf, dass Leonie Kaugummi kaute. Mit dem Hinweis, in ihrem Unterricht dürfe kein Kaugummi gekaut werden, forderte sie Leonie auf, den Kaugummi sofort auszuspucken. Danach wendete sie sich der Klasse wieder zu. Nach einiger Zeit schaute sie wieder zu Leonie hinüber, und was sah sie: ein Kaugummi kauendes Kind. Da Leonie offensichtlich nicht darauf hörte, was ihr die Lehrerin gesagt hatte, gab es für die Pädagogin nur die einzig logische Konsequenz, nämlich einen Verweis zu erteilen.

Meine Freundin konnte sich gut vorstellen, was in dem Kind vorging. Sie unterstellte Leonie in keiner Sekunde, dass sie böswillig die Anweisung der Kollegin missachtet hatte. Wir interpretierten die Situation vielmehr so, dass das Mädchen einen inneren Gewissenskonflikt hatte. In dem Bemühen, den Unterricht nicht unnötig zu stören, überlegte sie, wie sie den Kaugummi entsorgen konnte. Das Papier hatte sie schon weggeworfen. Ein Taschentuch hatte sie nicht. Sie wusste, dass man während des Unterrichts auch nicht aufstehen darf, um etwas im Papierkorb zu entsorgen. Den Sitznachbarn ansprechen, um nach einem Taschentuch zu fragen, war auch verboten. Unter der Tischplatte den Kaugummi anzukleben, kam ihr nicht in den Sinn, denn dazu war sie zu wohlerzogen. Vielleicht gab es weitere mögliche Lösungen, um der Anweisung der Lehrerin nachzukommen. Leonie zumindest entschied sich für die Variante, den Kaugummi in ihrer Backe zu „parken", um ihn dann am Ende der Unterrichtsstunde zu entsorgen. Das Dumme an dieser Variante war nur, dass sie irgendwann vergaß, dass sie den Kaugummi gar nicht mehr im Mund haben durfte und gedankenverloren wieder zu kauen begann. Das wiederum sah die Lehrerin und interpretierte sofort, dass die Schülerin ihre Autorität in Frage stellte. Sie sah nicht, dass die kleine Leonie in Wirklichkeit viel zu schüchtern war, um ihr Problem zu schildern. Leonie hatte sogar großen Respekt und vielleicht sogar Angst vor der Kollegin.

Die Mutter berichtete in der Sprechstunde, dass sie den Lehrern niemals gegenüber ihrer Tochter in den Rücken fallen wollte, doch hier konnte sie nicht anders, als ihre Tochter in Schutz zu nehmen. Nachdem ihre Tochter völlig am Boden zerstört war und ohne Ende heulte, sagte sie ihrer Tochter, dass dieser Verweis völliger Unsinn sei und sie ihn sich nicht so zu Herzen nehmen sollte. Das Gespräch dauerte noch einige Zeit an, doch tut der weitere Inhalt dieses Gesprächs hier nichts zur Sache.

An diesem Beispiel sieht man, wie schnell aus einer Banalität ein Missverständnis entstehen kann, das die Beziehung zwischen Schüler und Lehrer belastet.

Noten

Was sagt die Zeugnisnote aus?

Der Unterricht, wie ihn die meisten von uns aus ihrer eigenen Schulzeit auch kennen, läuft derart ab, dass der Lehrer beispielsweise am Anfang des Schuljahres in Mathematik das Themengebiet „Rechnen mit Brüchen" über einige Unterrichtseinheiten hinweg durchnimmt und anschließend eine Schulaufgabe darüber abhält. In dieser Leistungserhebung kann der Schüler zeigen, ob und wie gut er zu diesem Zeitpunkt den Stoff beherrscht. Falls er zum Zeitpunkt des Tests das Bruchrechnen z.B. ungenügend beherrscht, wird ihm sein mangelndes Können mit der Note 6 bescheinigt. Der Lehrplan allerdings motiviert den Lehrer, oft auch aus dem Gefühl heraus, zu wenig Zeit für die Lehrplaninhalte zu haben, im Stoffgebiet weiter voranzuschreiten. Das Bruchrechnen wird nun nicht mehr weiter explizit thematisiert, sondern als bekannt vorausgesetzt. In vielen Fällen schließen sich entstandene Lücken durch Nachhilfe, manch ein Schüler lernt sogar in der Prüfung etwas dazu, allerdings ohne eine gute Note in diesem Test zu erhalten. Irgendwie hat der Schüler schließlich inzwischen die notwendigen Kenntnisse erworben. Doch leider bietet sich ihm in diesem

Schuljahr keine Möglichkeit mehr, dem Lehrer sein Können zu zeigen, denn die noch anstehenden Schulaufgaben prüfen explizit den nachfolgenden Stoff ab. Das Bruchrechnen wird als Grundwissen abgefragt oder innerhalb eines anderen Themengebiets. Im schlimmsten Fall hat der Schüler nun eine neue fachliche Lücke bekommen, weil er damit beschäftigt war, eine alte zu schließen, und sich nicht auf die aktuell im Unterricht besprochenen neuen Inhalte konzentrieren konnte. So bleibt mit der Note 6 bilanziert, dass der Schüler das Thema „Rechnen mit Brüchen" nicht beherrschte. Selbst, wenn er wider Erwarten dem Lehrer später zeigen könnte, dass er den Stoffinhalt mittlerweile erlernt hat und dafür vielleicht die Note 2 erhalten würde, würde im Zeugnis nur die Durchschnittsnote aus 6 und 2, nämlich 4 als Endnote stehen. Das bedeutet, dass der Schüler trotz seiner nun nachgewiesenen guten Fähigkeiten im Zeugnis nur die Note 4 vorfinden würde.

Es steht demnach nicht im Vordergrund, dass der Schüler am Ende des Schuljahres unter anderem das Bruchrechnen gelernt hat, sondern ob er zum Zeitpunkt des Tests, den der Lehrer vorgibt, zeigen konnte, ob er den Testanforderungen genügte. Inhaltlich, wie auch sprachlich wird weiterhin davon ausgegangen, dass sein eigentlicher Leistungsstand ausreichend und nicht gut ist! Umgekehrt gilt das natürlich auch. Wenn der Schüler also z.B. im November ein Stoffgebiet beherrschte und dann aber alles bis zum Schuljahresende vergessen hat, bekommt er trotzdem im

Zeugnis mit einer Note 2 gute Kenntnisse bescheinigt, weil er anschließend ja nicht mehr über das Stoffgebiet abgefragt wurde.

Eine Note beschreibt also höchstens das Leistungsvermögen zu einem bestimmten Augenblick, wird aber emotional als generelle Fertigkeit und Fähigkeit gehandelt.

Diesem Problem versucht man durch das Bilden einer Durchschnittsnote zu begegnen. Sie kommt der Realität näher und viele empfinden sie außerdem auch als gerecht. Vermutlich lässt sich dies auf die weit verbreitete Meinung zurückführen, dass je größer die Anzahl der Stichproben in einem bestimmten Zeitrahmen ist, desto größer ist die Wahrscheinlichkeit einen Sachverhalt aussagekräftig zu beschreiben. Um die Leistungsfähigkeit des Schülers zu erfassen, müssen also einfach nur genügend viele Stichproben seines Könnens ermittelt werden. Der Durchschnittswert seiner Leistungen beschreibt dann das Leistungsvermögen des Schülers ausreichend gut genug.

Aber wie viele Stichproben müssten wir erheben, um tatsächlich ein aussagekräftiges Bild zu erhalten? Im Schulalltag werden für jeden Schüler pro Schuljahr höchstens 10 Noten erstellt, meistens jedoch weniger. Reichen also 6 bis 10 Stichproben pro Schuljahr für jeden Schüler aus, um dieses aussagekräftige Bild zu erhalten?

Dabei spielen noch weitere Faktoren eine Rolle. Beispielsweise können manche Tests unangekündigt über die letzten beiden Stunden gehalten werden. Andere Tests prüfen die Stoffgebiete der letzten zwei Monate ab. Der Schüler kann sowohl schriftlich als auch mündlich geprüft werden. Diese Vielzahl an Möglichkeiten erweckt den Anschein, dass der Schüler auf vielfältige Weise zeigen muss, dass er etwas kann.

All diese Tests haben etwas gemeinsam. Zum einen prüfen sie vorrangig momentanes Faktenwissen und kognitive Fähigkeiten ab. Zum anderen herrscht eine angespannte Lernatmosphäre, besonders wenn Schüler ständig damit rechnen müssen, es könnte ein unangekündigter Test geschrieben werden.

Können wir uns wirklich darauf verlassen, dass uns der Durchschnittswert dieser Leistungserhebungen eine zuverlässige Aussage über das Leistungsvermögen eines Schülers liefert?

Unserer Meinung nach spiegelt die Zeugnisnote weder das aktuelle Leistungsvermögen noch den individuellen Lernfortschritt eines Schülers wieder.

Über die eigentlich interessanten statistischen Schwankungen der Leistungsfähigkeit und Leistungsbereitschaft der Schüler während des Schuljahres wird gemittelt und keiner fragt nach den Hintergründen für die Schwankungen, solange der Durchschnitt „passt".

Diese Unregelmäßigkeiten und die damit einhergehenden individuellen Lernfortschritte sind aber gerade interessant für die Persönlichkeitsentwicklung und somit aus entwicklungsgeschichtlicher und pädagogischer Sicht gerade

die wichtigen Momente im Leben der heranwachsenden Kinder und Jugendlichen!

Sollten wir daher nicht auch auf diese Momente
unser besonderes Augenmerk richten?

Nachhaltiges Lernen?

Daraus folgend brauchen sich die Lehrer nicht
wundern, warum besprochene und abgeprüfte
Wissensgebiete in der darauffolgenden Jahrgangsstufe nur noch fragmentarisch vorhanden sind.
Der Schüler weiß, dass seine Kenntnisse meist zu
einem späteren Zeitpunkt nicht mehr benotet werden und lernt deshalb nicht nachhaltig mit dem
Bestreben das Wissen sich länger zu merken, sondern vielmehr „bulimieartig", immer mit der
Fragestellung im Hinterkopf: „Brauchen wir das
für die nächste Schulaufgabe?". Die Schüler passen
sich dem System an und versuchen ihm zu genügen. Es geht primär darum zum richtigen
Zeitpunkt gute Noten zu produzieren und nicht
unbedingt um den Erwerb von nachhaltigem Wissen. Schließlich haben Noten einen selektiven
Charakter. Um das Schuljahr zu bestehen, darf im
Zeugnis höchstens eine 5 vorkommen. Viele Schüler kalkulieren in diesem Sinne und optimieren
und minimalisieren ihr Lernverhalten entsprechend den Regeln dieses Lernsystems.

Dabei fühlen sie sich oft fremdmotiviert und
„werden gelernt".

Anstatt die Verantwortung für ihr Lernen und ihre Arbeitshaltung zu übernehmen, befinden sie sich in einer reaktiven Phase. Zusätzlich empfinden Schüler die Art der Bewertung ihrer erbrachten Leistung, wie oben beschrieben, häufig als ungerecht und fühlen sich dadurch nicht in ihrer Welt gesehen. Als Antwort ziehen sie sich innerlich zurück.

So erscheint es nachvollziehbar, wenn diese Schüler am Ende eines Schuljahres für sich sagen: „Geschafft! Abgehakt!" Die unmittelbare Folge ist die Formatierung ihrer „Gedächtnisfestplatte" während der großen Sommerferien. Solche Prozesse erschweren natürlich erheblich ein nachhaltiges Lernen.

Die Erfahrung zeigt, dass der Wirkungsgrad des Lernens erhöht werden kann, indem die Schüler auf irgendeine Weise interessiert sind und sich dabei subjektiv „richtig" gesehen fühlen. So lernen sie in einer aktiven Phase deutlich mehr und effektiver und insbesondere deutlich nachhaltiger, wenn neue Inhalte mit alten verknüpft werden können.

Die Bedeutung der Noten für die Schüler

In unserem Schulsystem stellen Noten ein zentrales Thema dar. Sowohl für Schüler als auch für Lehrer.

Aus meiner eigenen Schulzeit ist mir tatsächlich eine Erfahrung aus der zweiten Klasse hängen geblieben: Wir hatten eine Probe in Heimat und Sachkunde, auf die ich nicht gelernt hatte. Erst am Vorabend, als ich schon ins Bett musste, fiel mir der Termin für den Test wieder ein oder zumindest hatte ich ihn bis dahin erfolgreich verdrängt. Ich hatte schon fast Panik und wollte am liebsten am nächsten Tag nicht in die Schule gehen. Ich habe mich meinem Papa anvertraut und gemeinsam haben wir uns auf die Probe vorbereitet. Die Probe überstand ich wunderbar und erhielt sogar eine Note 2. Alles war dann wieder gut.

Bei vielen Kindern läuft es mit Sicherheit nicht so ab. Wenn ich mich noch dunkel an dieses Gefühlschaos erinnere und an den Stress denke, wird mir wieder klar, dass die Bedeutung der Noten weit über ein bloßes Mittel zum Feedback über die erbrachten Leistungen hinausgehen. Auch die Reaktion einer Fünftklässlerin, als sie in der ersten Schulaufgabe die Note 5 bekommen hatte, berührte mich sehr. Sie weinte bitterlich und war nicht in der Lage nach der Unterrichtsstunde das Klassenzimmer zu verlassen. So enttäuscht war sie über diese Note. Also saßen wir noch über eine dreiviertel Stunde zusammen. Der Rest der Klasse war schon längst in der Mensa zum Mittagessen.

Erhalte ich eine gute Note, fühle ich mich sofort besser, bestätigt in meinem Tun und wohl auch in meiner Person. Im Extremfall wertet eine gute Note meine Person auf, zumindest in meiner eigenen Empfindung. Das Selbstbewusstsein wächst, je öfter eine gute Note auf der Arbeit geschrieben steht. Dabei ist natürlich wichtig, wie man im Vergleich zu den Klassenkameraden steht. Dieser Wettbewerb und das Messen mit den anderen spornen den einen an, wohingegen ein anderer Neid verspürt, wiederum ein weiterer Schüler zieht sich eher zurück und hält sich eher bedeckt, wenn es darum geht, welche Note er bekommen hat. Schließlich posaunt keiner gerne seine schlechte Note hinaus. Dieser Vergleich kann bei schlechteren Schülern bis zur Frustration führen und im schlimmsten Fall ein Selbstbild entstehen lassen, als Loser dazustehen.

Eine prägende Wirkung von schlechten Noten kann nicht von der Hand gewiesen werden. Im Vergleich zu meinen Klassenkameraden bin ich total schlecht. „Die anderen können das, ich nicht." „Ich bin einfach zu dumm." „Ich schaffe das nie!"... Derlei solche Selbstzweifel, wie Schüler sie immer wieder auch äußern, lassen ein geringes Selbstvertrauen als auch ein geringes Selbstwertgefühl erkennen.

Als ich die Schüler in meiner damaligen 8. Klasse beobachtete, während sie ihre benoteten Klassenarbeiten zurückbekommen hatten, ist mir sofort eine Reaktion von einigen Kindern und Jugendlichen ins Auge gesprungen, die gar nicht so selten vorkam. Sobald sie die Arbeit in der Hand hatten, eilten sie kreuz und quer durchs Klassenzimmer, um mit bestimmten Klassenkameraden die Note und die Punktevergabe zu vergleichen. Andere, vornehmlich diejenigen, die eine sehr schlechte Note erwarteten, saßen wie ein Häufchen Elend auf ihrem Platz, nichts Gutes erwartend, und forderten mich auf, ihre Arbeit sofort in ihre Mappe oder in ihr Heft zu legen, damit sie selbst, aber auch kein anderer, die Note sehen konnten.

Wenig einfallsreich und vielleicht sogar etwas lahm, entgegnete ich nur: „Das ist doch nur eine Note. Die Note dient dazu, euch ein Feedback zu geben, ob ihr den gelernten Stoff beherrscht oder ob ihr noch an manchen Stellen Lücken habt." An dem Ausdruck in den Augen der Kinder konnte ich sehr schnell erkennen, dass ich sie mit diesem Spruch nicht wirklich erreicht habe. Etwas resigniert wartete ich auf den erlösenden Gong, der das Ende der Unterrichtsstunde einläutete.

Eine Wirkung des Schulsystems auf die Schüler

Die Wirkung des Schulsystems auf die Schüler erkennt man am deutlichsten, wenn man betrachtet, wie sich ihr Verhalten innerhalb weniger Jahre nach Eintreten in das Gymnasium in die 5. Jahrgangsstufe verändert. Die Zeit in der 4. Klasse der Grundschule ist bei vielen Kindern und Eltern eine ungeheuer stressige Zeit, die von Ängsten des Versagens geprägt ist, vielleicht nicht in das Gymnasium versetzt zu werden. Haben die Kinder es dann - Gott sei Dank - geschafft, kommen die Schüler meist hoch motiviert auf das Gymnasium mit der Hoffnung, dass der Stress wieder weniger wird! Mit großer Bereitschaft, dem Lehrer und dem System zu vertrauen, beginnen sie die gymnasiale Schulzeit. Die Lern- und Einsatzbereitschaft ist enorm hoch. Die Kinder stecken noch voller natürlicher Neugierde und Interesse.

Spätestens in der 7. Jahrgangsstufe allerdings lässt sich ein Einbruch erkennen, den man nicht allein mit dem Beginn der Pubertät begründen kann. Viele Schüler haben sich innerlich von der Schule zurückgezogen und reduzieren ihren Einsatz auf ein Minimum. Manch einer versucht sogar auf seine individuelle Weise zu revoltieren.

Sie identifizieren sich nicht mit dem Schulsystem und haben zunehmend eine negative Haltung gegenüber vielen Lehrern eingenommen.

Bemerkenswert ist, dass z.B. ca. 40% der Kinder und Jugendlichen an den städtischen Schulen Münchens laut einer Umfrage glauben, dass ihre Lehrer sie ungern unterrichten[i]. Aus Untersuchungen über die Qualität eines Unterrichtes in einer Schule folgt, dass ein Kernpunkt für eine hohe Qualität der Entwicklung und des Lernprozesses bei Schülern die Beziehung zwischen Lehrer und Schüler ist.[ii]

Viele Schüler sind außerdem davon überzeugt, dass Lehrer ihnen schlechte Noten geben wollen. Einer weiteren Umfrage zufolge, die im Jahr 2014 in den städtischen Schulen Münchens durchgeführt wurde, zeigt sich, dass sich „etwa jeder Dritte [Schüler] von seinen Lehrkräften nicht ausreichend respektiert fühlt. Fast 40 Prozent der Schüler kritisieren, dass sie für ihre Leistungen nicht genug Anerkennung erhalten. "[i]

Schüler wollen in ihrer eigenen Welt wahrgenommen und vor allem auch wertgeschätzt werden. Das eigentlich sehr breit angelegte Leistungspotenzial der Kinder und Jugendlichen steht selten im Vordergrund. Warum eigentlich? Weil man die Individualität und die Persönlichkeit mit ihren Stärken und Schwächen nur schwer mit Tests beurteilen kann bzw. darf. Statt der individuellen Persönlichkeit steht das Notengeben über kognitive Fähigkeiten im Mittelpunkt des schulischen Miteinanders, wodurch sich Schüler zum arithmetischen Mittel reduziert erleben und auf Grund der wenigen Beurteilungsmomente häufig auch ungerecht behandelt fühlen. Die Lehrer erscheinen als Folge davon für sie oft nicht kompetent oder vertrauenswürdig. Das Verhältnis zwischen Schülern und Lehrern ist gestört.

An dieser Stelle möchte ich dem Einwand begegnen, dass unsere Darstellungen vielleicht zu einseitig sind, und vermerken, dass es sicherlich auch Schüler gibt, die sich in der Schule intensiv engagieren, sich wohlfühlen, gerne lernen und Spaß an der Schule haben. In der Regel sind dies Schüler mit guten Noten, die vermutlich unabhängig vom System ihren erfolgreichen Weg gehen werden. Aber diese Gruppe stellt unserer Meinung nach nicht die Mehrheit dar. Aus diesem Grund legen wir unseren Fokus auf diejenigen Schüler, die ihre Schulzeit nicht so entspannt und glücklich erleben, sondern sie eher mit Stress und Notendruck assoziieren.

Besonders auffällig ist auch das Verhalten vieler Schüler, die gegen Ende ihrer Pubertät schließlich doch noch wider Erwarten der Lehrer die 11. Klasse erreichen. Aus einer vermeintlichen Abwehrhaltung ist eine totale Abkehr vom schulischen Unterrichtsgeschehen geworden. Sie leben ihr Leben außerhalb der Schulgemeinschaft und besuchen diese Bildungsstätte oft nur noch um soziale Kontakte zu pflegen und um kein ärztliches Attest wegen zu häufigen Fehlens bringen zu müssen. Ausgenommen sind Aktivitäten, wie z.B. Chor, Schach, Sportturniere usw., also meistens

Wahlkurse, die neben den normalen Fachunterrichtsstunden, ablaufen. Sie werden oft als „Highlights" empfunden.

So stellen sich viele Schüler die Frage „Wie bekomme ich mein Abitur mit minimalem Aufwand?" Bei einem Stundenplan, der es Montag bis Freitag kaum erlaubt vor 17:00 Uhr nach Hause zu kommen, erscheint diese Fragestellung als eher folgerichtig. Das innerliche Engagement ist soweit heruntergefahren, so dass ein effektives Lernen in der Schule nur noch schwer möglich erscheint.

So beobachten wir, dass die Schüler in der Oberstufe oft erst zu Weihnachten in der 12. Klasse(!) mit dem nötigen Einsatz an das Thema Abitur herangehen. Erstaunlicherweise bestehen von ihnen, trotz dieser geringen Arbeitshaltung die meisten das Abitur. Sie haben genügend geleistet, um diese Prüfung zu bestehen.

Ist das die Leistung, die wir von unseren Kindern sehen wollen? Warum gibt es zunehmend mehr Universitäten in den USA, die das G8-Abitur nicht mehr als Leistungskriterium für ein Studium an der Universität akzeptieren? Selbst in Deutschland beabsichtigen immer mehr Fakultäten Eingangstests als Ergänzung zum Abitur einzuführen. In der Industrie haben solche Auswahlverfahren schon Einzug gewonnen. Deshalb wollen wir im nächsten Kapitel einige Anregungen geben über den Begriff Leistung nochmals nachzudenken.

Leistung- ein zentraler Begriff in unserer heutigen Zeit

Unser Schulsystem hat durchaus seine positiven Facetten. Es ist schon viel darüber nachgedacht worden, wie Schule verbessert werden kann. Der Aspekt, dass einem jungen Menschen sich über seine erbrachten Leistungen die Türen öffnen, ist eine große Errungenschaft, vor allem in jener Zeit, in der es selbstverständlich war, dass man dem Stand, in den man hineingeboren war, nicht entfliehen konnte.

Seitdem hat sich in unserer Gesellschaft einiges verändert. Der Wunsch nach Gleichberechtigung, Gerechtigkeit und Auslese ist einer der Antriebsfedern für Veränderung gewesen. Aber damit kam ein anderes Problem auf den Tisch. Wie kann Leistung gemessen werden? Wie kann Leistung vergleichbar gemacht werden, sodass der Anspruch an ein gerechtes System erfüllt wird? Um diesen Fragestellungen nachgehen zu können, muss erst eine weitere Frage gestellt werden: Was ist Leistung?

Stellen Sie sich selbst einmal die Frage, was für Sie Leistung bedeutet? Denken Sie kurz darüber nach, bevor Sie weiterlesen.

Manche Menschen sagen, Leistung sei etwas, das sich von alltäglichen Tätigkeiten abhebt, sozusagen etwas Besonderes und Herausragendes. Meist ist diese besondere Leistung mit einer Anstrengung und Mühe verbunden. Man hat für das Ergebnis kämpfen müssen und darauf kann man dann auch ruhig stolz sein, d.h. diese besondere Leistung hat dann auch viel mit einem selbst zu tun und muss sozusagen vor dem Hintergrund der eigenen Fähigkeiten und Talente in den Kontext gestellt werden.

In der Physik wird Leistung derart definiert, dass Arbeit in einer bestimmten Zeitspanne verrichtet wird. Daher leiste ich mehr, wenn ich mehr Arbeit im gleichen Zeitraum schaffe oder wenn ich mein fixes Arbeitspensum in einem kürzeren Zeitfenster erledige. Bei diesem Leistungsbegriff spielt das Phänomen Zeit eine wesentliche Rolle.

Was war für Sie selbst eine besondere und gute Leistung?

Eventuell antworten Sie auf diese Frage, dass Sie erfolgreich eine Firma aufgebaut haben. Manch eine Mutter führt an, dass die Geburt ihres Kindes ihre größte Leistung war. Die Veröffentlichung eines Buches ist ebenso eine Leistung. Wenn man eine schwierige Lebensphase gut gemeistert hat, ist man darauf stolz und empfindet dies auch als eine besondere Leistung.

Diese Aufzählung kann unendlich lang weitergeführt werden, denn jeder Mensch kann für sich, ganz individuell, eine für ihn besondere Leistung anführen. Was für den einen etwas ganz Besonderes ist, muss dabei aber nicht unbedingt für einen anderen genauso bedeutend sein. Aber dennoch haben die eben erwähnten besonderen Leistungen einen wesentlichen Aspekt gemein:

Es gibt mehr im Leben als die schulische Leistung, mehr als die Leistung, die auf Noten über ein abfragbares Wissen reduziert wird. Leider wird das in der Schule nur wenig abgebildet.

Leistung am Beispiel Sport

Grundsätzlich ist die Motivation, erster zu werden oder der Beste zu sein, nicht schlecht. Im Gegenteil, Wettbewerbssituationen spornen an, sodass oft das eigene maximale Potential erst in Wettkämpfen abgerufen werden kann. Das kennen wir alle vom Sport. Das Sich-Messen mit anderen macht auch Spaß.

Aber auch unter sportlichen Menschen gibt es neben sog. Leistungssportlern, für die vorrangig „nur der Sieg zählt", auch solche Sportler, bei denen das gemeinsame Erleben im Vordergrund steht, die sich gerne zum Sport treffen, um eine schöne gemeinsame Zeit zu verbringen.

Was bedeutet nun Leistung vor diesem Hintergrund? Leistet ein Freizeitsportler weniger oder nichts im Vergleich zum Leistungssportler?

Wenn ich für mich persönlich eine neue Bestzeit beim Stadtmarathon laufe, erfüllt mich dies mit einem gewissen Stolz. Im Vergleich zu vielen anderen, die alle vor mir durchs Ziel gelaufen sind, bin ich allerdings eine „lahme Krücke".

Was zählt nun?

An diesem Beispiel lässt sich erkennen, dass es wichtig ist, in welchen Bezug die erbrachte Leistung gesetzt wird. Niemand würde demjenigen, der seine neue Bestzeit gelaufen ist und dies stolz verkündet, sagen: „Naja, hat aber bei weitem nicht für einen Platz auf dem Podest gereicht. Der wievielte bist du denn geworden?"

Im Vergleich zu den anderen bin ich vielleicht im Mittelfeld zu finden, aber in meinem Rahmen habe ich mich verbessert und meine Leistung gesteigert.

Wie ich jetzt selbst oder mein Umfeld die erbrachte Leistung bewerte, hängt eindeutig davon ab, in welchen Kontext sie gesetzt wird. Setze ich die Leistung in den Vergleich zu meinen früheren Leistungen, bilanziere ich, dass ich mich verbessert habe. Setze ich dagegen meine Leistung in den Vergleich mit den anderen, werde ich bilanzieren, dass es sowohl Menschen gibt, die besser sind als ich, als auch Menschen, die schlechter sind als ich.

„Vergleichen als biologisches Grundprinzip"

So nehmen wir in sämtlichen Lebenssituationen Vergleiche vor, immer und immer wieder. Dabei rede ich nicht davon, dass mein Nachbar sich wieder ein neues Auto leisten konnte, während ich weiter mit meinem alten Auto vorliebnehmen muss. Es geht schon beim Aufstehen los, beim ersten Blick in den Spiegel. Oh, das Fältchen war vor einiger Zeit noch nicht da, stelle ich fest. Auch an mir hinterlässt das Älterwerden seine Spuren. Dabei vergleiche ich mein Äußeres von heute mit meinem Äußeren von vor 10 Jahren. Am deutlichsten wird es mir bewusst, wenn ich Fotos von damals anschaue.

Oder ich blicke zum Fenster hinaus und denke mir, was für ein verregneter Herbsttag. Wie schön und warm war es noch gestern. So ein richtiger Altweibersommertag. Schon wieder mache ich einen Vergleich. Ich sitze im Café und betrachte die vorbeifahrenden Autos, ein weißer Lieferwagen, ein dunkelgrauer Volvo, ein dunkelgrauer Mercedes, ein schwarzer Beetle, ein silberner BMW usw. Innerlich frage ich mich, warum kaum ein rotes Auto zu sehen ist, kaum lebensfrohe Farben dabei sind.

Diese Unterschiede aber auch Ähnlichkeiten und Gemeinsamkeiten könnte ich nicht wahrnehmen, wenn ich nicht ständig vergleichen würde.

Diese Liste an Beispielen kann jeder von uns bis ins Unendliche weiterführen. Salopp formuliert heißt Wahrnehmen nichts weiter als Vergleichen. Dabei registrieren wir die Unterschiede. Wenn wir nur die Farbe Rot sehen würden und sonst keine andere Farbe, dann wüssten wir nicht, dass es rot ist, denn wir kennen ja die Farbe blau oder grün gar nicht.

Der Mensch vergleicht gerne, vor allem sich mit anderen. Das machen wir uns auch beim Lernen zunutze. Wir sehen eine Eigenschaft oder Fähigkeit bei einem anderen, die wir als nachahmenswert beurteilen. Wir haben ein Vorbild gefunden, dem wir nacheifern. Bei kleinen Kindern ist es ganz extrem zu beobachten, wie sie Erwachsenen nacheifern. Aber das verliert sich auch nicht in späteren Jahren. Die Vorbilder sind nun eher außerhalb der Familie zu finden.

Eine wesentliche Aufgabe in der Kindheit und Jugendzeit ist das Entwickeln eines Selbstbildes. Kinder und Jugendliche vergleichen sich mit Gleichaltrigen und bekommen Rückmeldung von Erwachsenen über ihr Verhalten und Wesen. Die Umwelt spiegelt sie und vor diesem Hintergrund testen sie ihre Grenzen und weiten ihre Fähigkeiten aus. Dieses Vorgehen wird durch ein ständiges Vergleichen und ein Bewerten der Ergebnisse des Vergleichs begleitet.

Das Vergleichen und das Bewerten begegnen uns in allen Bereichen des Lebens. Umso weniger verwunderlich ist es, dass wir diesen Wunsch nach Vergleichbarkeit von Leistung generell, aber insbesondere auch im Bereich der Schule verspüren.

Leistung in der Schule

Leistung und Leistungsmessung bzw. das Bewerten von Leistung sind so stark miteinander verwoben, dass man schulische Leistung ohne Messung nicht definieren kann. Als Leistungsbemessungsgrundlage dienen Tests, die in einem vorgegebenen Zeitrahmen abfragbares Wissen abprüfen. Der Schüler zeigt also, ob er zum Zeitpunkt der Prüfung genügend auf die Art der

Fragestellung normiert worden ist und diese zufriedenstellend beantworten konnte.

Kommen wir auf die Frage, worum es uns in der Schule geht und welche Ziele wir verfolgen. Neben einer breiten Allgemeinbildung sollen die Kinder und Jugendlichen die Fähigkeit erlangen, flexibel und effektiv auf die Anforderungen und Herausforderungen des Lebens reagieren zu können.

An dieser Stelle müssen wir den bisherigen Leistungsbegriff in der Schule aufbrechen, der vorrangig auf das Wiedergeben von kognitiven Wissensinhalten abzielt. Leistung muss unter dem Blickwinkel der individuellen Weiterentwicklung gesehen werden, und zwar nicht reduziert auf den fachlichen Bereich. Der Fokus muss auch auf Fähigkeiten in der sozialen Interaktion gerichtet sein und die Persönlichkeitsentwicklung bekommt einen höheren Stellenwert. Der Vergleich mit anderen ist nicht nur wichtig, sondern auch nötig. Ohne Feedback der Umwelt und den Vergleich mit seinen Mitmenschen kann der Mensch nur schwer ein Selbstbild entwickeln. Dieser Vergleich dient sozusagen als Orientierung Wo stehe ich?". Allerdings wäre es unsinnig im Bereich von sozialen Kompetenzen eine Bewertung mittels Noten vornehmen zu wollen.

Individuelle Leistung und Leistung im Vergleich zu anderen

Höchstleistungen in Wettkämpfen zu erbringen und der Wettbewerb an sich ist durchaus positiv zu sehen. Aber die Frage, wann Wettbewerb im Erziehungs- und Bildungsbereich belastend wird, darf nicht außer Acht gelassen werden. In der Kindheit und Jugend wird das Selbstbild aufgebaut. Deswegen muss in dieser Zeit der Fokus auf die Persönlichkeitsentwicklung gelegt werden. Wenn ein Kind ein negatives Selbstbild von sich selbst hat, wird es aus Misserfolgen nur die Bestätigung ziehen, ich bin sowieso nicht gut genug. Statt „Hoffen auf Erfolg" wird sich „Angst vor Misserfolg" breitmachen. Letztendlich wird das Kind versuchen, sich vor Herausforderungen zu drücken, statt sich ihnen zu stellen und daran zu wachsen.

Hatties Studie „Visible Learning – Lernen sichtbar machen" zufolge hat neben den kognitiven Entwicklungsstufen Piagets die Selbsteinschätzung des eigenen Leistungsniveaus mit Abstand den größten Einfluss auf schulischen Lernerfolg. [ii]

Das Ziel muss also sein, den Aufbau eines positiven Selbstbildes zu unterstützen. Erst dadurch ist man für jegliche Herausforderungen gewappnet.

Wie kann dieses Ziel erreicht werden? Unserer Meinung nach müssen Kinder und Jugendliche ihre eigenen Grenzen erleben dürfen und dabei an die eigene Leistungsgrenze kommen. Wichtig ist, dass sie gefordert werden und Aufgaben als Herausforderung und nicht als Überforderung erleben. Das betrifft nicht nur den fachlichen Bereich, sondern auch die Bereiche der Sozial- aber auch Selbstkompetenz.

Statt sich vorrangig auf den Erwerb von Faktenwissen zu konzentrieren, muss das „Lernen lernen" in den Mittelpunkt schulischen Wirkens treten. Dabei ist der Fokus auf den individuellen Vergleich der Lernfortschritte gerichtet, d.h. die Fragestellung „Wie verbessere ich mich im Vergleich zu mir selbst?" rückt mehr in den Vordergrund. Die Schüler sollen ihre Wahrnehmung der eigenen Lernfortschritte schulen und dadurch auch ihre eigenen Erfolge wertschätzen lernen. Zusätzlich erfahren sie natürlich auch durch ihre Umwelt eine Wertschätzung ihrer Leistungsfähigkeit. Diese Orientierung dient als Feedback für Jugendliche und muss nicht unbedingt in Form von Noten geschehen. Sie ist allerdings immens wichtig und unterstützt bei den Kindern und Jugendlichen den Aufbau eines gesunden Selbstbewusstseins und Selbstgefühls.[iii]

Natürlich gehört zum Aufbau des Selbstbildes der Vergleich mit anderen, mit der Umwelt, mit der Fragestellung im Hinterkopf „Wo stehe ich im Vergleich zu den anderen mit meinen Fähigkeiten, mit meinem Können?" Schließlich lernt man auch vieles von seinen Vorbildern.

Aber dieses Vergleichen darf nur ein Hilfsmittel sein, um sich selbst zu finden. Ein „Ranking" in einem Sozialverband, wie z.B. einer Schulklasse, mittels Noten ist unserer Meinung erst am Ende einer Schullaufbahn nötig, weil erst zu diesem Zeitpunkt ein möglicher Arbeitgeber dieses als Entscheidungshilfe für eine mögliche Anstellung verlangt. Für das Funktionieren des Systems Schule sind Noten nicht unbedingt notwendig, sondern, wie die Erfahrung zeigt, eher für nachhaltige Lernprozesse hinderlich.

Viel wichtiger ist, dass Heranwachsende ihre eigenen Stärken kennen und nutzen lernen, dass sie auf diese vertrauen, dass sie sich in die Gemeinschaft einbringen können. Damit ergibt sich für den Lehrer nicht so sehr die Fragestellung, was der Schüler im Vergleich mit den anderen nicht kann, sondern was seine besonderen Fähigkeiten für ihn persönlich, aber auch für seine Umgebung bedeuten.

Während der Pubertät ist das auch die Thematik, die viele Jugendliche beschäftigt. „Was macht mich aus? Was kann ich besonders gut? Wer bin ich?"

Bei diesen suchenden Fragestellungen müssen wir ihnen helfend und fördernd zur Seite stehen, indem wir ihre positiven Eigenschaften besonders betonen, ohne dabei ihre negativen Eigenschaften zu verschweigen.

Problematik der Leistungsmessung

Die Problematik der Leistungsmessung durch schriftliche Prüfungen ist nicht unbekannt. Im Referendariat sind wir deswegen auch mit den Gütekriterien für Tests konfrontiert worden. Die Güte eines Tests hängt demnach von drei Faktoren ab[iv]:

Das erste Kriterium besagt, dass ein Test objektiv, also unabhängig vom Betrachter der Ergebnisse sein soll. D.h. die Schüler sollten unabhängig von der korrigierenden Lehrkraft immer die gleichen Ergebnisse erzielen.

Das zweite Kriterium geht der Frage nach, ob der Test zuverlässig und genau ist, d.h. ob bei wiederholter Messung der Leistung immer wieder das gleiche Ergebnis herauskommt.

Das dritte Kriterium betrifft die Gültigkeit der Messung, d.h. misst die Prüfung tatsächlich das, was sie soll.

Auf den ersten Blick erscheinen schriftliche Prüfungen als ein faires Mittel zur Leistungsbeurteilung. Sie sollen abprüfen, ob ein Schüler zum Zeitpunkt der Prüfung innerhalb eines vorgegebenen Zeitfensters in der Lage ist, auf bestimmte Fragen über ein bestimmtes Wissensgebiet die richtigen Antworten zu geben.

Die Rahmenbedingungen sind für die Teilnehmer gleich: gleiche Fragen, gleicher Inhalt, gleiche Prüfungsdauer, gleicher Korrektor.

Jedoch haben bereits Studien gezeigt, dass schulische Tests nicht unbedingt diesen drei Kriterien genügen und zuverlässig sind. Beispielsweise hatte nur ein Drittel der teilnehmenden Lehrer die Mathematikarbeit eines Schülers, die in einem Abschnitt von zwei bis drei Monaten zweimal von derselben Lehrkraft korrigiert wurde, gleich bewertet. [v] Aus eigener Erfahrung wissen wir, dass Aufsätze im Fach Deutsch, je nach Lehrkraft unterschiedliche Noten bekommen können.

Wer selbst schon auf Prüfungen gelernt hat, weiß, dass es sehr hilfreich ist, wenn man als Vorbereitung Prüfungen aus den Vorjahren durcharbeitet, allein, um auf die Art und Weise der Fragen sich besser einstellen zu können und um ein Gefühl zu bekommen, was als Antwort auf bestimmte Fragetypen erwartet wird.

Vor allem das dritte Kriterium muss also in Frage gestellt werden. Wird denn wirklich das Fachwissen abgeprüft? Oder hängen Testergebnisse nicht zu sehr davon ab, ob der Prüfling weiß, was ein Prüfer bei einer bestimmten Frage hören bzw. lesen möchte?

Wir sehen, dass der Wert unserer Leistungsmessung sehr stark relativiert werden muss. Gleichzeitig ertappen wir uns in der Diskussion der Leistungsbemessung ständig dabei, wie wir mit einer selbstverständlichen Art und Weise unsere Wahrnehmung der Schüler auf die Eigenschaften reduzieren, die mit Noten scheinbar erfasst werden können.

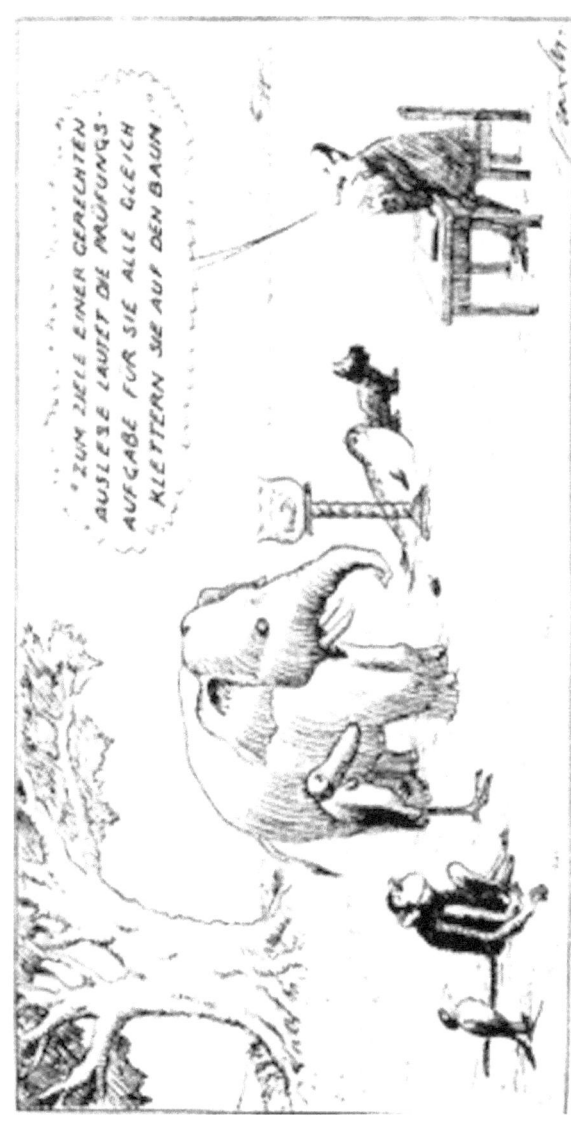

(Quelle: Hans Traxler, Chancengleichheit, in: Michael Klant, [Hrsg.], Schul-Spott: Karikaturen aus 2500 Jahren Pädagogik, Fackelträger, Hannover 1983, S. 25)

Kompetenzen

In den Bundesländern Deutschlands hat man die Problematik unserer derzeitigen Schulsituation erkannt und sich das Ziel gesetzt, dass die Schüler aktiv Wissen und Kompetenzen in der Schule erwerben sollen. Das aktuelle Konzept „Lehrplan-PLUS" soll es den Schülern erleichtern, ein wertvolles Mitglied unserer Gesellschaft zu werden, und soll sie zu lebenslangem Lernen befähigen und gleichzeitig den verabschiedeten Bildungsstandards der Kultusministerkonferenz vom Jahr 2012 genügen. So hat man die gewünschten Fähigkeiten z.B. für das Fach Mathematik in die folgenden Kompetenzen unterteilt[vi]:

- argumentieren
- Probleme lösen
- modellieren
- Darstellungen verwenden
- mit symbolischen, formalen und technischen Elementen der Mathematik umgehen
- kommunizieren

Man erkennt sofort, dass sich diese Kompetenzen bevorzugt auf fachliche Fähigkeiten beziehen, weil man hier primär das Ziel vor Augen hat, fachliches Wissen mit allgemeinen Kompetenzen zu verbinden.

Unser Ziel ist aber neben diesen fachlichen Kompetenzen vor allem auch soziale Kompetenzen und Selbstkompetenzen in den Fokus zu stellen.

Was sind denn Fähigkeiten, die nicht in schriftlichen Tests abgeprüft werden können, aber wertvoll und wichtig sind? Fähigkeiten, die in unserer heutigen schnelllebigen Zeit „überlebensnotwendig" sind.

In diesem Zusammenhang spricht man von den sogenannten Soft-Skills. Unter ihnen versteht man die Fähigkeiten des Umgangs mit sich selbst und mit anderen, also die Zusammenarbeit und die Kommunikation mit anderen Menschen. Diese Eigenschaften sind nur schwer messbar und spielen deshalb bisher in unserem Schulwesen eine untergeordnete Rolle.

Unter den Hard-Skills versteht man dagegen die Geschicklichkeit in dem Erwerb und der Anwendung von Wissen und Kenntnissen. Sie ist durch Tests sehr gut quantifizierbar und findet deshalb in unserem Schulwesen besondere Aufmerksamkeit.

Die Frage, welche Eigenschaften unsere Schüler erwerben sollten, beschäftigte immer wieder Vertreter des Bildungswesens und der Wirtschaft. So führte Dieter Mertens in den 1970-ger Jahren den Begriff „Schlüsselqualifikationen" ein, der sich bevorzugt auf Denkfähigkeiten und Allgemeinwissen bezog.

Bei Bewerbungen wird aber inzwischen zunehmend zusätzlich auch auf persönliche Eigenschaften Wert gelegt. Neben der beruflichen Handlungskompetenz steht immer „mehr die ganzheitliche" Persönlichkeitsentwicklung im Fokus[vii]. Als „Schlüsselqualifikationen" bezeichnet man inzwischen überfachliche Qualifikationen, die zum Handeln befähigen sollen." [viii]

Im Jahre 2006 gab das europäische Parlament und der Rat zu Schlüsselkompetenzen eine Empfehlung heraus, in der als Referenzrahmen acht Schlüsselkompetenzen für lebenslanges, bzw. lebensbegleitendes Lernen formuliert wurden: [viii]

1. Muttersprachliche Kompetenz
2. Fremdsprachliche Kompetenz
3. Mathematische und grundlegende naturwissenschaftlich- technische Kompetenz
4. Computerkompetenz
5. Lernkompetenz
6. Soziale Kompetenz und Bürgerkompetenz
7. Eigeninitiative und unternehmerische Kompetenz
8. Kulturbewusstsein und kulturelle Ausdrucksfähigkeit

Diese Schlüsselkompetenzen wurden von der Kultusministerkonferenz als auch von der Bund-Länder-Kommission für Bildungsplanung und Forschungsförderung (BLK) um die Medienkompetenz erweitert. [viii]

Aktuell lassen sich die geforderten Schlüsselqualifikationen mit drei Oberbegriffen kategorisieren[ix]:

1. „Sach- und Methodenkompetenz beinhaltet Fähigkeiten, die dazu dienen, berufliche Tätigkeiten ausführen und Leistung erbringen zu können (z. B. Problemlöse- und Entscheidungsfähigkeit, Informationsmanagement, Moderations- und Präsentationstechniken). Die OECD (Organisation for Economic Cooperation and Development) zählt dazu auch die Medienkompetenz, d.h. die Fähigkeit, Hilfsmittel und Medien adäquat einsetzen zu können (v. a. Informations- und Kommunikationstechnologien, Sprache und Rhetorik)."

2. „Sozialkompetenz bezeichnet Fähigkeiten, die sich auf soziale Situationen beziehen und den Umgang mit Menschen aus verschiedenen Gruppen und Kulturen erleichtern (v. a. Beziehungs-, Kooperations-, Konflikt- und Verhandlungsfähigkeit). Voraussetzung für die Entwicklung sozialer Kompetenzen sind individuelle Einstellungen und Fähigkeiten wie beispielsweise Respekt, realistische Selbsteinschätzung, Empathie, Rollenflexibilität oder die Fähigkeit, mit widersprüchlichen Situationen umgehen zu können (Ambiguitätstoleranz)."

3. „Selbstkompetenz oder „Ich-Kompetenz" beinhaltet Fähigkeiten, die sich auf die Persönlichkeit und den Charakter einer Person beziehen (z. B. Einstellungen und Motivation, Wert- und Leistungsorientierungen, Charaktereigenschaften, Lernbereit-

schaft, Flexibilität, Belastbarkeit). Ebenso wichtig sind laut OECD Fähigkeiten zur eigenverantwortlichen Lebensgestaltung: Dazu gehören beispielsweise Kompetenzen zum Erkennen des eigenen Handelns in gesellschaftlichen oder wirtschaftlichen Zusammenhängen, zum Realisieren von persönlichen Lebens- und Karrierezielen oder zur Wahrnehmung eigener Rechte und Bedürfnisse."

Hierbei sollen diese Kompetenzen immer zu einer „Handlungs- und Entscheidungskompetenz" führen.

Um zu einem Vorstellungsgespräch eingeladen zu werden, dienen als Kriterien nach wie vor die Zeugnisnoten, aber auch, ob sich der Bewerber in irgendeiner Art und Weise von der Masse abhebt, ob er sich in einem Bereich besonders engagiert oder sich durch eine Besonderheit auszeichnet.

Im Gespräch selbst spielt insbesondere das Auftreten des Bewerbers eine Rolle. Wie wirkt er? Wie geht er mit der stressigen Situation um? Hat er eine schnelle Auffassungsgabe, hat er Vertrauen in seine Fähigkeiten, ohne selbstüberschätzend zu wirken?

Was mittlerweile in der Bildungsdiskussion nicht mehr wegzudenken ist, ist das Schlagwort „Problemlösekompetenz". In der Arbeitswelt werden lösungsorientierte Menschen gesucht. Auch im Privatleben ist es von Vorteil Probleme und

Schwierigkeiten statt als unüberwindbare Hürden als Herausforderungen zu interpretieren.

Problemlösungen erfordern persönliche Herangehensweisen und bewirken individuelle Lösungsstrategien. Jeder Mensch geht auf seine Art und Weise einzigartig an ein Problem heran. Sein Gegenüber würde es wieder ganz anders machen. Beide Wege können sich ergänzen, oder der eine lernt vom anderen etwas dazu. Wie auch immer. Die Individualität stellt eine Bereicherung dar, weil einem selbst durch andere Personen Sichtweisen eröffnet werden, die einem vielleicht im Traum nicht einfallen würden. Besonders effizient ist aus diesem Grund auch das Aufeinandertreffen von sehr heterogenen Gruppen, in welcher jeder einzelne seinen Erfahrungsschatz, sein Können, seine Sichtweise einbringen kann.

Aber das führt uns zu dem Problem, wie wir Vergleiche anstellen sollen um zu Bewertungen zu gelangen. Der eine denkt punktuell, der andere sehr komplex, der eine hat ein traumhaftes Kleid genäht, der andere ein wunderschönes Gedicht verfasst, ...

Die Antwort lautet: gar nicht, weil nicht vergleichbar! – höchstens nach Eigenschaften sortierbar!

Welche Stärke besser bewertet werden kann, ist die falsche Fragestellung in einer Zeit, in der Erfolg einer Gruppe optimiert wird, indem die Mitglieder dieser möglichst heterogenen Gruppe ihre individuellen und zum Teil sehr unterschiedlichen Eigenschaften in gegenseitiger Wertschätzung einbringen. Deshalb wird heute beispielsweise sehr viel Wert auf Teamfähigkeit gelegt.

Dem einzelnen sollte stattdessen ein Feedback gegeben werden, wie er sich entwickelt, wie er von der Außenwelt wahrgenommen wird, welche Stärken er hat und vor allem, wie er sich in die Gemeinschaft positiv einbringen kann. Dies führt uns automatisch weg von einer Ziffernvergabe, sprich Notengebung, hin zu einem Wortgutachten. Für den Lehrer ist das deutlich aufwendiger. Doch ist ein Wortgutachten viel differenzierter und wird dem individuellen Charakter eines jungen Menschen deutlich mehr gerecht.

Noten als Mittel zur Auslese

Noten sollen heute als Feedback für fachliche Leistungen dienen, versagen aber völlig, wenn es um Beschreibungen und Bewertungen von Persönlichkeitsattributen geht. Gleichzeitig werden Noten auch als Mittel zur Auslese verwendet und hin und wieder auch als Druckmittel und Erziehungsmittel missbraucht. Wenn es soweit kommt, sind die Folgen bereits bekannt. Leistungsdruck und enorme Angst begleiten den Schüler in seinem Schulalltag, was zuletzt nicht selten auch zu körperlichen Beschwerden führt.

Als die 5. Klässler zu Beginn des Schuljahres ans Gymnasium kamen, waren sie voller Vorfreude, neugierig und natürlich auch nervös. Die Grundstimmung insgesamt war positiv.

Es dauerte nicht lange, bis sie mitgekriegt haben, wie es am Gymnasium abläuft. Jeden Tag könnte ein unerwarteter Test in jedem Fach geschrieben werden. Diesem Prüfungsstress waren sie hilflos ausgeliefert. Mir wurde dieses Spannungsfeld bewusst, als die 11-Jährigen Schüler ganz aufgeregt auf mich zukamen, und ständig fragten, ob wir eine Stegreifaufgabe heute schreiben. Mich wunderte das sehr, denn zum einen hatten wir vereinbart, nur angesagte Tests zu schreiben. Zum anderen war es der erste Tag nach den Ferien. Auf diesen Einwand entgegneten die Kinder, dass ihre Englischlehrerin ständig unangekündigte Vokabeltests schreibe, da die Schüler die Vokabeln zu schlecht auswendig lernten. Deswegen habe sie auch gedroht, in der ersten Stunde nach den Ferien einen Test zu schreiben, um zu kontrollieren, ob die Lücken über die Ferien geschlossen wurden.

Später stellte sich heraus, dass meine Kollegin keinen Vokabeltest abgehalten hatte. Aber die Schüler waren wegen der Sorge einer bevorstehenden Stegreifaufgabe den ganzen Vormittag völlig durch den Wind.

Ich habe mich gefragt, ob es wirklich nötig ist, die Kinder und Jugendlichen so unter Druck zu setzen, um sie dann schon so früh nach Schularten zu selektieren.

Die Notenvergabe ist definitiv nicht entwicklungspsychologisch und nicht lernmethodisch begründet, sondern vielmehr systemisch, um u.a. die Dreigliedrigkeit des Schulsystems umzusetzen.

Die Idee für die Dreigliedrigkeit des Schulsystems entsprang aus der Vorstellung, dass die Förderung von Schülern in homogenen Gruppen deutlich besser umgesetzt werden könnte. Dabei hat man das Bild, dass gute oder begabte Schüler in ihren kognitiven Leistungsfähigkeiten in homogenen Gruppen, also Gruppen mit vergleichbarem oder ähnlichem Leistungsniveau viel effektiver gefördert werden könnten. Inzwischen liegen Erfahrungen vor, die diesem Ansatz deutlich widersprechen.

Zum Beispiel stellte sich in sogenannten „hochbegabten Gymnasien" nicht der erwünschte Erfolg ein. Die Schüler vereinsamten oder wurden sehr stark verhaltensauffällig, u.a., weil sie in ihrer Ganzheitlichkeit nicht genügend angesprochen wurden. Inzwischen hat man den Denkfehler erkannt. Doch immer noch reduziert man die Wahrnehmung der komplex veranlagten jungen Menschen auf wenige leistungsbezogene Merkmale und ordnet sie entsprechend ein. Damit wird man ihrem vielfältig veranlagten Wesen nicht gerecht. So bleibt die Frage, wie man solch komplexen Wesen, wie unseren heranwachsenden Kindern begegnen soll, um sie optimal in ihren vielfältigen, individuellen Eigenschaften zu fördern. Aus den oben ausgeführten Gedanken folgt, dass es sicherlich ein Fehler ist, die Schüler mittels Noten auf singuläre Eigenschaften zu testen, um sie damit auf diese zu reduzieren.

Der Fehler liegt also nicht in der prinzipiellen Idee einer Notengebung, sondern in der damit verbundenen mangelnden Erfassung der Komplexität des Jugendlichen.

Die heutige Situation an den Universitäten treibt diesen Denkfehler auf die Spitze, sodass wir heute noch der Logik von verwaltungs- und juristisch orientierten, statt inhaltlich bedingten Denkmustern folgen:

Als in der Vergangenheit immer mehr Schüler auf die höhere Schule gingen und damit auch immer mehr Studenten in die Unis drängten, führte man den Numerus Clausus ein, um ein rechtliches Mittel zu besitzen, nur einer reduzierten Menge an Studenten einen Studienplatz aus Platzmangel zu vergeben. Beispielsweise kann heutzutage Medizin nur mit einem Notendurchschnitt von 1,0 oder ähnlichem studiert werden. Wie wir alle wissen, garantieren diese sehr guten Noten noch lange keinen guten Mediziner und umgekehrt wäre mancher Student ein ausgezeichneter Mediziner, obwohl er diese fast schon unglaublichen Noten nicht hat. Bemerkenswerterweise wird diese verrückte Situation bis heute nicht verändert.

Doch sollte die Schule diesem Muster nicht folgen, sondern ihre Freiheiten nutzen und sich mehr auf die Pädagogik und ihrem eigentlichen Auftrag der Persönlichkeitsentwicklung konzentrieren.

Integration und Inklusion

Integration und Inklusion erscheinen uns so wichtige Begriffe in unserer Gesellschaft, dass wir in diesem Kapitel kurz auf deren Bedeutung und Unterschied eingehen wollen.

Diesen Begriffen geht ein neuer und wichtiger Grundgedanke voraus, nämlich dass **jeder** Mensch in seiner Individualität sowohl mit seinen Fähigkeiten als auch mit seinen Einschränkungen als eine Bereicherung für die Gesellschaft angesehen wird. Das erfordert ein generelles Umdenken.

Die Vereinten Nationen haben vor diesem Hintergrund eine UN-Behindertenrechtskonvention erlassen, die seit 2009 auch in Deutschland geltendes Recht ist und deren Umsetzung von dem Bundeskabinett am 15.06.2011 durch den „Nationalen Aktionsplan zur Umsetzung der UN-Behindertenrechtskonvention" beschlossen wurde. In Deutschland betrifft dies ca. 10 Millionen Menschen mit Behinderung. „Leitgedanke und zentrales Handlungsprinzip ist die Idee der Inklusion." [x]

„Die Kernaussage der UN-BRK ist der Schutz von Menschen mit Behinderungen vor Diskriminierungen und Ausgrenzungen durch die Gewährleistung und Verwirklichung der unveräußerlichen Menschenrechte. Die Umsetzung der

UN-Konvention betrifft dabei alle gesellschaftlichen Bereiche, wie z.B. frühkindliche Erziehung, Schule, Wohnen, Freizeit, Arbeit, Politik usw. die Inklusion ist dafür unerlässlich."[xi]

Beim Konzept der Integration wird nach wie vor von einer Zweiklassengesellschaft ausgegangen. Es gibt sozusagen innerhalb der „normalen" Gesellschaft die Gruppierung der Andersartigen, der noch nicht Dazugehörigen. Bei der Integration wird als Ziel angestrebt, die Lebensumstände der Behinderten möglichst zu normalisieren, d.h. beispielsweise, dass sie die Möglichkeit erhalten, eine Arbeitsstelle anzunehmen oder dass sie außerhalb eines Heimes wohnen können. Vor allem aber soll ihnen der öffentliche Raum uneingeschränkt zugänglich sein. An diesem Punkt wird offensichtlich, dass „Behinderte nicht so sehr wegen ihres Defizits behindert sind, sondern in vielfältiger, oft subtiler Weise von ihrer gesellschaftlichen Umgebung behindert werden." [xii]

Das Problem bei der Integration liegt darin, einen Menschen (z.B. ein Schüler mit Behinderung) in ein bereits existierendes System (z.B. Schule) hineinzunehmen, ohne das System grundsätzlich zu ändern. Stattdessen ist es erforderlich, dass der integrierte Schüler sich anpasst.

Die Idee der Inklusion geht nun einen Schritt weiter und will von Anfang an ein gemeinsames System für alle Menschen, ohne dass jemand ausgegrenzt oder stigmatisiert wird.

Alle Menschen werden als gleichberechtigt angesehen und von Anfang an miteinbezogen und nehmen als selbstbestimmte Individuen in der Gesellschaft teil.

„Das Ziel der Inklusion ist mitunter, dass sich die Gemeinschaft den verschiedenen Bedürfnissen der Menschen flexibel anpasst und alle Menschen daran partizipieren lässt. Durch die Inklusion soll die Diskriminierung und Exklusion, die zumeist auch Menschen mit Behinderung betrifft, abgebaut und bekämpft werden." [xiii]

Das fordert ein radikales, konsequentes und für unsere Gesellschaft mutiges Umdenken. Inhaltlich bedeutet es, dass wir nicht, wie bisher, zuerst unsere bestehenden Strukturen beschreiben und dann die vielen Mitmenschen betrachten um sie anschließend den jeweiligen „Schubladen" zuzuordnen, sondern wir sind aufgefordert die unterschiedlichen Eigenschaften unserer Mitmenschen zu sehen, um dann die optimalen Umgebungsparameter für diese zu schaffen.

Eine moderne Schule sortiert demnach die Schüler nicht, wie bisher, nach den Kategorien der Schularten, wie z.B. Gymnasium, Fachoberschule, Realschule, Mittelschule oder Förderschule und reduziert damit die Wahrnehmung unserer Kinder auf ca. 5 wichtige Strukturmerkmale, sondern versucht gemäß dem Gedanken der Inklusion für alle Schüler geeignete Lernbedingungen zu verwirklichen. In der modernen Pädagogik spricht man im Sinne von Maria Montessori von der sogenannten „vorbereiteten Umgebung". Bei heutigen Schulgrößen von 800 bis 1300 Schülern pro Schule, die aus Kostengründen so konzipiert wurden, ist das logistisch kaum zu schaffen. Gleichzeitig wird einem bei diesem Anspruch bewusst, dass die Anforderungen an eine solche Schule enorm hoch sind und ein sehr hohes Maß an Flexibilität fordern. Die Schule soll ein dynamisches und lebendiges System sein, dass sich jedes Schuljahr aufs Neue den ständig ändernden Bedürfnissen der Schülerschaft in gewissem Rahmen anpasst, ohne dabei ihre klare Struktur und Identität aufgeben zu müssen.

Heterogenität als Chance

Individualitäten werden immer individuelle Wege gehen. Die Schule sollte den Spielraum bieten, diese persönlich gewählten Wege auch umzusetzen. So sehen wir eine Aufgabe der Schule darin, ihren Schülern eine Vielfalt an Möglichkeiten zu bieten, um sie in ihren Entscheidungsprozessen für ihre spätere Berufswahl zu begleiten. Insbesondere in der Pubertät finden hierfür wichtige Prozesse der Selbstbestimmung und Berufsorientierung statt.

Einer IHK-Ausbildungsumfrage zufolge wissen ca. 40% der Schulabgänger nicht, was sie beruflich machen wollen.[xiv] Ausbildungen werden aufgrund falscher Vorstellungen über das Berufsbild abgebrochen. „Deutsche Mitarbeiter sind im Job nur mittelmäßig zufrieden. Eine Kienbaum-Studie belegt: Deutsche Arbeitnehmer erledigen ihren Job nur bedingt motiviert. Der globale Engagement-Index ... beträgt derzeit [im Jahr 2014] 59 Prozent. Deutschland liegt ... knapp unter dem weltweiten Durchschnitt und belegt damit lediglich den dreizehnten Rang im globalen Ranking und den siebten Platz auf der europäischen Rangliste der Länder mit den zufriedensten Mitarbeitern."[xv]

So erscheint es uns sinnvoller neben einer fachlichen, kognitiven Ausbildung gleichzeitig auch eine handwerkliche Ausbildung während der Schulzeit anzubieten. Daraus versprechen wir uns eine deutlich höhere Wahrscheinlichkeit dafür, dass die Schüler einen Beruf wählen, in dem sie glücklich sind und darin kreativ tätig werden. Dies würde das Handwerk und den Mittelstand in Deutschland deutlich stärken und unsere Gesellschaft und Wirtschaft mit einem höheren Maß an Innovation und Kreativität bereichern. Gleichzeitig würde es die Flut von unzufriedenen Studenten verringern.

Wir müssen uns immer wieder in der Diskussion vor Augen führen, dass wir uns bei unseren Jugendlichen in einer Zeitphase der Orientierung befinden. Zu diesem Zeitpunkt geht es darum, dem Jugendlichen zu helfen, ein positives Selbstbild zu entwickeln, indem er sein breites Spektrum an Fähigkeiten ohne Ängste erleben darf.

Heterogene Strukturen unterstützen die Heranwachsenden in dieser Lebensphase. Aber der Vorteil von Heterogenität liegt nicht nur darin, dass sich Schüler untereinander helfen können, sondern auch, dass die Kreativität gefördert wird. „Schon allein der Kontakt mit Ungewohntem bringt auf neue Gedanken".[xvi] Die Begegnung mit sozialer Vielfalt ermuntert zur Suche nach weiteren Informationen und Perspektiven. Heterogene Gruppen bieten auch einiges an Reibungspotenzial. Die Gruppenmitglieder müssen sich besser auf die anderen Personen einstellen, bemühen sich mehr, andere Sichtweisen einzunehmen und bereiten sich dadurch in Diskussionen besser vor.

Außerdem stellen sie sich von vorneherein auf eine mühsame Entscheidungsfindung ein. [xvii]

Wie kann also eine moderne Schule diese gewünschte Breite bieten?

Grob strukturiert, besteht ein Mensch aus einer körperlichen, seelischen und geistigen Struktur. Wollen wir unserem Anspruch weiter folgen, dass die Schule helfen soll, unsere Jugendlichen zu wertvollen Mitgliedern unserer Gesellschaft werden zu lassen, so gilt es eine Umgebung zu schaffen, in der heranwachsende junge Menschen sich in ihren vielfältigen Strukturen spiegeln können, um dann selbstverantwortlich sich für ihren weiteren Lebensweg zu entscheiden. Es gilt Persönlichkeiten zu entwickeln und zu stabilisieren. Eigenschaften, wie Stärke, Sicherheit und Kompromissfähigkeit sind zu entwickeln. Aber auch der Mut, Widerstand adäquat anzubringen, muss gefördert werden. Für einen qualitativ hochwertigen Ablauf der Auseinandersetzung bedarf es der Fähigkeit komplexe Vorgänge erfassen zu können.

Für solch eine Breite an Anforderungen bevorzugt man heterogene Strukturen und nicht - wie bisher favorisiert - homogene Strukturen!

Aus der neurobiologischen Forschung weiß man, dass das Gehirn sehr effektiv in komplexen Strukturen lernt. Oft sind singuläre Strukturen eher hinderlich für das Lernen, wenn sie nicht in ihrem meist komplexen Kontext erlebt werden. Gleichzeitig lernt der Mensch deutlich besser in Kombination mit sozialen Strukturen.

Die Wahrnehmung der Unterschiedlichkeit seiner Mitschüler und die Wertschätzung gegenüber seinen eigenen Eigenschaften helfen beim Aufbau des positiven Selbstbildnisses. Deshalb ist Inklusion für die sogenannten „normalen" Schüler eine große Bereicherung auf ihrem Entwicklungsweg. Gleichzeitig profitieren die inkludierten Schüler von der Sozialisation und ihrem stetigen Vergleich mit den „Normalen" und den damit verbundenen Lernprozessen. Je vielfältiger das Anspruchsniveau für den Schüler aufgebaut wird, desto effektiver ist es für den Lernprozess. So stellt eine breite Forderung gerade auch für die sogenannten „Hochbegabten" die beste Förderung dar, weil sie nicht zu einer seelischen oder psychischen Vereinsamung führt.

Folgt man diesen Gedanken, so entsteht gar nicht mehr das Bedürfnis nach Strukturen, in denen alle Kinder zur gleichen Zeit das Gleiche leisten sollen. Im Gegenteil erfreuen wir uns der individuellen Leistungsfähigkeiten und erleben sie als große Bereicherung durch Vielfalt und Qualität. Gerade diese Breite an Informationsqualität fördert den Umgang mit komplexen Systemen, denen wir in unserer modernen Zeit zunehmend begegnen und uns stellen müssen.

Eine Schule, die diesen Überlegungen konsequent folgt, bietet ihren Schülern mit ihrer großen Unterschiedlichkeit eine sehr gute Vorbereitung für das spätere gesellschaftliche und berufliche Leben.

Zweiter Teil

Theoretische Überlegungen

Lernen aus neurowissenschaftlicher Sicht

Neurobiologen wie Manfred Spitzer und Gerald Hüther betonen, dass Lernen unter Druck und Angst nachhaltiges Lernen behindert oder sogar verhindert. Diejenigen Areale, die für kognitive Erkenntnisprozesse und Problemlösungen zuständig sind, werden in Stress- und Angstsituationen blockiert. Angst verhindert demnach kreative Prozesse. Das Vernetzen und Einbinden neuer Inhalte in bereits bestehendes Wissen erfordert Ruhe und Muße!

Dabei kann unterschieden werden, welche Form von Stress vorliegt. Ob eine Stresssituation als belastend oder als eine Herausforderung angesehen wird, hängt unter anderem von der Prägung und den Erfahrungen des Einzelnen ab, also auch welchen Umgang mit Stress die Familie pflegt, wie

Leistung bewertet wird, wie mit Rückschlägen umgegangen wird.

Situationen unter Angst, Druck und Anspannung fordern vielmehr schnelle Reaktionsmuster, die routinemäßig ablaufen, ohne dass darüber nachgedacht werden muss. Das zumindest hat in früheren Zeiten das Überleben gesichert. Nicht lange nachdenken, sondern ein instinktives Handeln war gefragt.

Daher sind Notendruck und der bislang destruktive Umgang mit Fehlern im Zusammenhang mit nachhaltigem Lernen fehl am Platze. Fehler stellen eine Chance dar, um zu lernen und sich weiter zu entwickeln. Das erfordert ein Umdenken hinsichtlich der Fehlerkontrolle. Selbstkontrolle ist nicht so entwürdigend wie die Fremdkontrolle durch die strenge Korrektur des Lehrers. Deshalb bietet sich an, auch auf Material mit Fehlerkontrolle – sofern vorhanden – zurückzugreifen[xviii].

Geht man davon aus, dass der Mensch von Natur aus neugierig und motiviert ist, dass er gerne arbeitet und leistet, müssen wir uns der Frage stellen, warum wir an unseren Schulen häufig mit dem Phänomen des mangelnden Interesses, mangelnder Begeisterung und Motivation zu tun haben.

Tendenziell neigen Pädagogen im bisherigen Schulsystem dazu, Schüler zu demotivieren, indem sie vom Schüler verlangen, dass er etwas tut, was er selbst in diesem Moment gar nicht tun will. Die Vorstellungen von Lehrer und Schüler klaffen hierbei stark auseinander. Der Knackpunkt ist der

Grad der Fremdbestimmung, dem sich jeder Mensch, nicht nur ein Schüler, widersetzt. Gibt man dem Einzelnen einen gewissen Spielraum, selbst zu bestimmen, wird in diesem Maße die Motivation von alleine wieder zunehmen. D.h. die Frage „Wie können wir Motivation erzeugen?" erscheint uns die falsche Fragestellung zu sein. Motivation kann nur bedingt erzeugt werden. Wir müssen vielmehr die demotivierenden Rahmenbedingungen abschaffen, so dass die natürlich vorhandene Neugierde und Motivation wieder mehr ausgelebt werden kann.

Lernen ist sehr stark mit Emotionen verbunden. Wir können das Lernen gar nicht thematisieren, ohne Emotionen miteinzubeziehen. Das, was uns betrifft, bleibt uns länger in Erinnerung. Geschichten, nicht Zahlen und Fakten, sind das, was uns bewegt.[xix] Dinge, die uns unter die Haut gehen, bleiben im Gedächtnis haften und werden als Erregungsmuster in unserem neuronalen Netzwerk gespeichert. Je öfter dies passiert, umso tiefer gräbt sich die Erfahrung in unser Hirn ein. So können Erfahrungen, die wir in unserer Kindheit immer wieder machen zu einer inneren Überzeugung und Haltung werden, die wie auf Knopfdruck in einem bestimmten Verhaltensmuster in einer bestimmten Situation zum Ausdruck kommen kann.[xx]

Ein methodisches Prinzip für nachhaltiges Lernen besteht darin, vom Ganzen zum Detail zu gehen[xxi]. Vom Überblick aus startend lässt sich leichter Interesse für detaillierte Inhalte entwickeln. Das gewonnene Detailwissen muss dann auch allerdings wieder in den übergeordneten Kontext zurückgestellt werden. Kann der Lernende den übergeordneten Zusammenhang herstellen, werden gelernte Inhalte miteinander vernetzt und dadurch länger im Gedächtnis behalten.

Bekommt das Gehirn zusätzlich den Eindruck, dass die zur Verfügung gestellten Informationen etwas Neues sind, wird die natürlich veranlagte Neugierde besonders angesprochen. Werden innerhalb dieses Lernprozesses die neuen Informationen mit schon alt bekanntem Wissen verknüpft, erhöht sich der Grad der Nachhaltigkeit deutlich!

Lernen hat etwas mit einem selbst zu tun und stellt einen Konstruktionsprozess dar.

Ein wichtiges Prinzip hierbei ist, vom Einfachen zum Komplexen überzugehen. Anhand vieler Beispiele wird es dem Lernenden ermöglicht, Regeln selbst abzuleiten. Dabei braucht es zunächst einfache Beispiele, um daraus auf Strukturen zu schließen, die dann auf kompliziertere Zusammenhänge angewendet werden können. An weiteren Beispielen wird ihm die Möglichkeit gegeben, diese Regel anzuwenden. Lernsituationen, die eine wiederholte Anwendung der selbst abgeleiteten Regel ermöglichen, sind absolut notwendig für nachhaltiges Lernen. Erst wenn die Regel immer wieder angewendet wird, wandelt sie sich vom flüchtigen Wissen im Arbeitsgedächtnis in Können um. Dabei nimmt im Laufe des Lernprozesses die Komplexität zu.

Am Beispiel, wie Kinder das Sprechen lernen, lässt sich erkennen, dass Regeln zu keiner Zeit explizit vom Kind gelernt werden, sondern dass sie zunächst Ausnahmen lernen, dann die Regel, schließlich machen sie Fehler, indem sie „überregularisieren". Letztlich können sie die Regel und die Ausnahmen, ohne sie explizit zu wissen. Beim Erlernen einer Fremdsprache ist daher die Grammatik nicht unbedingt nötig.[xxii]

Die bloße Mitteilung einer Regel erzielt daher keine Nachhaltigkeit. Wissen kann nicht vermittelt werden, denn „menschliches Lernen ist geleitet von der Suche nach Sinn".[xxiii] Und jeder Lernende muss sich selbst auf diese Sinnsuche begeben. Hüther nennt in diesem Zusammenhang zwei grundlegende Bedürfnisse, die der Mensch hat: ein angeborenes Erkundungsbedürfnis und ein Bedürfnis nach Verbundenheit, nach Nähe und Geborgenheit.[xxiv]

Diese beiden Bedürfnisse brauchen als Rahmen einen gewissen Freiraum und eine gewisse Zeit, damit sich ein Schüler einem Thema in seinem eigenen Tempo – individuell gemäß seiner „sensiblen Phasen" (Montessori) – widmen kann. Dabei übernimmt der Lehrer die Rolle des wohlwollenden Lernbegleiters und leitet den Schüler an, sein Methodenrepertoire zu erweitern und anzuwenden. Der Umgang mit Informationen, Methoden, Strategien und Fertigkeiten gewinnt über den Erwerb reinen Faktenwissens an Bedeutung.

Der Schüler dagegen übernimmt die Verantwortung für sich und sein Lernen und lernt in seinem eigenen Rhythmus, aber auch vermehrt nach seinem Interesse.

Damit das Ganze nicht in pure Willkür abdriftet, können Zielvereinbarungen getroffen werden, die dem Schüler in gewisser Weise Halt geben und über die auch reflektiert werden muss. Der Schüler soll nicht das Gefühl bekommen, sich im freien Fall zu befinden.

Ebenso ist Freiheit und freie Wahl nicht mit zügelloser Disziplinlosigkeit zu verwechseln. Die Freiheit des einzelnen hört dort auf, wo die Grenze eines anderen überschritten wird. Disziplin in diesem Zusammenhang ist als Selbstdisziplin[xxv] zu sehen, in der sich jeder für sich selbst, aber auch für das Wohl der Gemeinschaft verantwortlich kennzeichnet.[xxvi]

Die Gemeinschaft und das Gefühl dazu zu gehören spielen für das Lernen eine wichtige Rolle. Lernen in der Gemeinschaft ist wohl einer der bedeutendsten Verstärker. Dabei stellen heterogene Gruppierungen nicht unbedingt ein Hindernis dar, sondern bieten eine Chance, sich in der eigenen Entwicklung gegenseitig voranzubringen[xxvii].

In jungen Jahren sind Kinder wahre Meister der Imitation. Wie Montessori es ausdrückt, absorbieren sie regelrecht ihre Umwelt. Ihr Bedürfnis, ihrer erwachsenen Bezugsperson zu gefallen, stellt außerdem einen wesentlichen Antrieb für ihr Verhalten dar. Kinder kooperieren in diesem Sinne.[xxviii] Problematisch wird es dann, wenn wir als enge Bezugspersonen nicht in die Fähigkeit des Kindes vertrauen, sie zu sehr bevormunden, und sie in ihrem Drang nach Unabhängigkeit behindern und schlimmstenfalls eine abwertende Haltung ihnen gegenüber einnehmen.

Derartige Umstände wirken sich u.a. ungünstig auf die Entwicklung des Selbstkonzepts[xxix] aus, also des Selbstbildes, das Kinder von sich entwickeln, als auch auf die Leistungsbereitschaft. Wie schätzen die Kinder sich selbst ein? Welches Vertrauen haben sie selbst in sich, wenn sie vor Herausforderungen stehen? Sind sie ein „Hoffen auf Erfolg"-Typ oder gehören sie eher dem Typus „Angst vor Misserfolg" an, der Herausforderungen als Belastung sieht und sie deswegen meidet.

Mittlerweile geht man davon aus, dass Intelligenz nicht vorrangig über die Genetik begründet werden kann. Es ist wohl ausschlaggebend, unter welchen Rahmenbedingungen sich das kindliche Gehirn entwickeln konnte, welche Umgebungsparameter vorhanden waren, welche Erfahrungen das Kind machen konnte, ob eine breite Auswahl an Samen gesät werden konnte, die in den darauffolgenden Jahren keimen konnten. Montessori hat dies schon zu ihrer Zeit erkannt, und setzte auf die vorbereitete Umgebung, die es dem Kind ermöglichte, sich gemäß seiner „sensiblen Perioden"[xxx] weiterzuentwickeln.

Gedanken aus der Entwicklungspsychologie

Um die Persönlichkeitsentwicklung des heranwachsenden Jugendlichen noch besser verstehen
und begleiten zu können, erscheint es uns notwendig, im folgenden wesentliche Entwicklungs-
bereiche in der Persönlichkeitsentwicklung zu betrachten.

Mittlere und späte Kindheit[xxxi]

Kognitive Entwicklung

Während der Phase von 7 bis 12 Jahren setzt
zunehmend das Vermögen ein, logisch zu denken.
Kinder können mehrere Aspekte einer Situation
gleichzeitig erfassen und nehmen nicht nur den
Anfangs- und den Endzustand einer Situation
wahr. Auch die Momente beim Übergang von einem Anfangs- in einen Endzustand können Kinder
nun vermehrt erkennen und wahrnehmen. Sie erlangen auch die Fähigkeit diesen Übergang mental
zurückzuverfolgen und können sozusagen schritt-
weise rückwärts denken. Das ermöglicht den
Kindern kleinere Problemstellungen, die ihnen in
diesem Moment begegnen, erfolgreich zu bearbei-

ten. Kinder dieses Alters erkennen nun beispielsweise, wenn Wasser von einem bauchigen Krug in einen schmalen Zylinder umgefüllt wird, dass das Volumen des umgefüllten Wassers das gleiche ist, wie vorher im Krug.

Eine andere Fähigkeit, die Kinder in dieser Altersstufe erwerben, ist das Bilden von Reihen. Sie können z.B. verschieden lange Holzstäbchen der Länge nach sortieren. Darüber hinaus sind sie in der Lage, Schlussfolgerungen aufgrund Reihenbildungen, die nur mental gemacht wurden, zu ziehen.

Etwa ab dem 8.Lebensjahr beginnen Kinder Strategien zur Verbesserung der Gedächtnisleistung zu verwenden, wie beispielsweise eine Liste anzulegen, was sie am nächsten Tag benötigen.

Sie entwickeln Wiederholungsstrategien und können im Laufe der Kindheit zunehmend zu merkende Dinge in Kategorien einsortieren.

Das Selbstkonzept

Für die Persönlichkeitsentwicklung spielt das Selbstkonzept eine wesentliche Rolle, d.h. es ist von Bedeutung, was das Kind über sich selbst denkt.

Auf das Selbstkonzept haben verschiedene Faktoren einen erheblichen Einfluss. Neben dem elterlichen Erziehungsstil ist auch die Meinung anderer Bezugspersonen für die Kinder wichtig. Das Vergleichen mit Gleichaltrigen rückt in den

Vordergrund. Dadurch werden die Selbstbeschreibungen der Kinder zunehmend realistischer. Haben sie sich vor dieser Phase sehr optimistisch dargestellt, erkennen sie nun, dass es andere Kinder gibt, die besser sind oder dass sie etwas nicht so gut auf Anhieb hinbekommen.

Einen wichtigen Aspekt innerhalb des Selbstkonzepts stellt der Begriff des Selbstwerts dar. Je nachdem ob man sich selbst mag und mit seinem Leben zufrieden ist, hat man ein positives Selbstwertgefühl oder nicht. Außerdem ist es von Bedeutung, ob man Bereiche, in denen man vielleicht nicht so gute Leistungen erzielt, selbst als wichtig einstuft oder ob diese Bereiche von Bezugspersonen als wichtig erachtet werden.

Das Selbstwertgefühl hat auch Auswirkungen darauf, wie Kinder mit Erfolgen oder Misserfolgen umgehen.

Motivationale Entwicklung

Kinder erleben im Laufe der Zeit, dass sie nicht alle Leistungen erreichen können, indem sie sich mehr anstrengen. Sie erfahren sozusagen ihre Grenzen. Damit die Kinder einen positiven Umgang mit Erfolg und Misserfolg erlernen, ist es entscheidend, wie sie diese Erfahrung einordnen. Kinder, die ihren Erfolgen ihre eigenen Fähigkeiten zusprechen, werden in der Entwicklungspsychologie „bewältigungsoptimistisch" genannt. Misserfolge hingegen führen sie entweder auf äußere Umstände zurück wie beispielsweise zu schwere Prüfungsaufgaben oder Lärm in der Klasse, die sie selbst nicht beeinflussen können oder sie führen sie darauf zurück, dass sie sich zu wenig angestrengt haben oder zu wenig konzentriert haben. Letztere sind aber Ursachen, die sie selbst beeinflussen und verändern können.

Diese Einstellung zu Erfolg und Misserfolg fördert einerseits die Bereitschaft, sich Herausforderungen zu stellen, und andererseits eine höhere Toleranz, sich nicht so schnell durch Misserfolge entmutigen zu lassen. Allgemein geht das Handeln dieser Kinder stark einher mit „Hoffen auf Erfolg".

Der Gegenpol zu diesem Typus verspürt bei jeglichem Handeln eine „Angst vor Misserfolg".

Erfolge führen diese Kinder weniger auf ihre eigene Leistungsfähigkeit zurück, sondern auf glückliche Umstände oder Zufall. Dadurch glauben sie auch weniger daran, den Erfolg wiederholen zu können.

Misserfolge hingegen begründen sie mit mangelnden Können und Fähigkeiten, also durch Ursachen, die sie kaum beheben können. Derart „hilflose" Kinder vermeiden tendenziell Herausforderungen, weil die Angst vor einem möglichen Misserfolg sie hemmt. Auch wenn sie Aufgaben gut lösen könnten, geben sie oft frühzeitig auf, weil sie nicht an sich selbst glauben und sich nicht zutrauen, das Problem zu lösen.

Eltern können durch einen liebevollen und unterstützenden Umgang die Entwicklung ihrer

Kinder zu selbstbewussten und kompetenten jungen Erwachsenen mitbeeinflussen. Für Kinder und Jugendliche ist es von großer Bedeutung, dass sie ihrer Selbst Willen - unabhängig davon, welche Leistung sie bringen - geliebt werden und dass sie so angenommen werden, wie sie sind. Besonders von ihren nächsten Bezugspersonen. In jungen Jahren sind das vor allem die Eltern, aber auch Großeltern. Wichtig hierbei ist, dass die Eltern die Erfolge der Kinder deren Fähigkeiten und deren Bemühungen zuordnen. Misserfolge hingegen können durch vermehrte Anstrengung ausgeglichen werden. Die Eltern vermitteln somit das Bild des „bewältigungsoptimistischen" Menschen.

In der Schule spielt auch der Lehrer einen entscheidenden Faktor, ob das Kind in Richtung „Hoffen auf Erfolg" oder „Angst vor Misserfolg" tendiert. Gerade im schulischen Bereich wird die Leistung der Kinder in Tests verglichen und mit Noten bewertet. Da Kinder auch zunehmend den Vergleich mit Gleichaltrigen suchen, erfahren sie sehr schnell, ob sie besser oder schlechter sind als die Mitschüler. Zwangsläufig machen sie dadurch eine Bewertung ihrer selbst. Gerade schwächere Schüler geraten sehr schnell in die Position des Losers und entwickeln sich zu „hilflosen" Typen. Schlimmstenfalls beginnt nun ein Teufelskreis, der nur schwer zu durchbrechen ist. Das, was der Lehrer vom Kind denkt, ob er es für kompetent und fachkundig hält, oder ob er eher eine schlechte Meinung von ihm hat, bedeutet Kindern viel, ohne dass sie dies bewusst wahrnehmen - genauer gesagt, das, was das Kind glaubt, was der Lehrer von ihm denkt. So findet ein „Self-fulfilling-prophecy" – Prozess statt.

Wenn der Fokus auf die individuelle Weiterentwicklung gelegt wird, besteht die Chance, aus der Falle „Angst vor Misserfolg" zu gelangen. Der Lehrer gibt dem Schüler nun nicht vorrangig das Feedback, wo er leistungsmäßig im Klassenverband steht, sondern hebt die persönlichen Lernfortschritte hervor. Der Fokus liegt auf positiven Eigenschaften, Stärken werden hervorgehoben, ohne dabei die Schwächen außer Acht zu lassen.

Emotionale Entwicklung

Kinder entwickeln nun zunehmend eine differenziertere Wahrnehmung ihrer eigenen Emotionen, aber auch ein besseres Verständnis für die anderer. Das Empathie-Vermögen setzt ein.

Gefühle wie Stolz oder Scham spielen bei der Entwicklung der Leistungsmotivation eine große Bedeutung. Wenn Kinder Scham empfinden, sobald sie einen Fehler machen, werden sie Situationen meiden, in denen sie vielleicht erneut Scham empfinden könnten. Zwangsläufig werden sie sich eher vor Herausforderungen drücken. Welche Emotionen Kinder bei Fehler erfahren, hängt umgekehrt auch stark davon ab, wie die erwachsenen Bezugspersonen – Eltern und auch Lehrer – mit Fehlern umgehen, welche Fehlerkultur gepflegt wird.

Entwicklung beim Jugendlichen[xxxii]

Während der Jugend finden weitere grundlegende Prozesse der Entwicklung statt. Diese betreffen nicht nur die körperliche Veränderung, bei der die Mädchen u.a. nun eine frauliche Gestalt annehmen und die Jungen muskulöser und breitschultriger werden. Durch einen veränderten Hormonhaushalt werden Nervenverbindungen umstrukturiert. Verbindungen zwischen Nervenzellen nehmen zu und ein Teil der bestehenden Synapsen wird vernichtet. Neuronale Verknüpfungen spezialisieren sich. Dieser Umbau der Gehirnstruktur ermöglicht dann eine schnellere Reizleitung und effizientere Informationsverarbeitung. Der Grad der Abstraktionsfähigkeit nimmt deutlich zu und im Bereich des logischen Denkens argumentieren Jugendliche vermehrt deduktiv statt induktiv.

Allerdings erfolgen diese Veränderungen nicht zeitgleich, beispielsweise entwickeln sich die Gehirnbereiche für Sprache zuerst und danach erst die Bereiche für motorische Fähigkeiten.

Während dieser Phase werden Hirnregionen, die für die Verarbeitung und Bewertung von emotionalen Reizen zuständig sind, weniger stark angeregt, sodass Jugendliche bei einem bestimmten Reiz nicht mehr den gleichen Adrenalinstoß erleben wie früher. Um den gewohnten Grad an Intensität zu behalten, befinden sie sich deshalb auf der Suche nach „Immer höher, immer schneller und immer weiter" - Erlebnissen.

Die Identitätsfindung ist ein wesentlicher Aspekt im Leben eines jungen Menschen. Wer bin ich? Was macht mich aus? Was macht mich besonders? Wie sehen mich die anderen? Was mögen sie an mir? Nicht selten sind Jugendliche positiv überrascht, wenn sie erfahren, was ihre Freunde und Mitschüler von ihnen denken. Oft haben sie von sich selbst ein deutlich negativeres Selbstbild als ihre Umgebung.

Auf der Suche nach sich selbst, entfernen sich Jugendliche zunehmend von ihren Eltern und folgen ihrem Drang nach Unabhängigkeit, sie kapseln sich ab und geben den Eltern zu verstehen, dass sie ihr „eigenes Ding" machen wollen. Die Orientierung geben die Freunde, die Clique und Peergroups. In dieser Phase gewinnen Freundschaften und Beziehungen zu Gleichaltrigen an Tiefe und Verbindlichkeit und beruhen auf Gegenseitigkeit. Insbesondere zeichnet sich der beste Freund darin aus, dass man sich ihm bei Problemen anvertrauen kann und man von ihm unterstützt wird.

Wenn die ersten Liebesbeziehungen eingegangen werden, nimmt die Freundin bzw. der Freund den Platz der engsten Vertrauten bzw. des engsten Vertrauten ein.

Die Eltern behalten allerdings nach wie vor eine wichtige Rolle, sie geben Halt und Orientierung, übernehmen eine beratende Funktion vor allem in lebensentscheidenden Bereichen wie der Berufswahl und dienen als „Sparringspartner"[xxxiii].

Ähnlich wie Erwachsene beziehen sich Jugendliche in Entscheidungsprozessen auf frühere Erfahrungen und Annahmen. Darauf aufbauend lernen Jugendliche zunehmend, ihr Handeln zu regulieren und anzupassen, indem sie reflektieren, wie weit ihre Wünsche und die Realität voneinander entfernt sind und dass zur Verwirklichung ihrer realisierbaren Wünsche entsprechende Handlungen eingeleitet werden müssen. Ein wesentlicher Schritt auf ihrem Weg, die Verantwortung für ihr Leben in die Hand zu nehmen.

Durch die Belastungen in der Pubertät, insbesondere durch den stärkeren sozialen Wettbewerb, und den Wunsch nach Autonomie geraten viele Jugendliche unter Druck, sodass häufig deren intrinsische Motivation gerade im schulischen Bereich deutlich abnimmt.

Dem Wunsch der Jugendlichen nach engeren erwachsenen Bezugspersonen in der Schule kann u.a. aufgrund der Vielzahl an Fachlehrern nur schwer entsprochen werden. Zwischen den wachsenden Fähigkeiten der Jugendlichen und ihrem Bedürfnis nach Autonomie auf der einen Seite und den Erwartungen und Vorgaben der Lehrer auf der anderen Seite liegt in der Regel eine große Diskrepanz.

Jüngere Menschen entwickeln sich im Vergleich zu älteren Menschen deutlich schneller. Während eines Schuljahres kann man oft regelrechte Entwicklungssprünge beobachten. So ist der „Erlebnishorizont" der Schüler deutlich geringer als bei Lehrern. Geschehnisse, die ein Schüler erlebt, werden von ihm oft schon nach wenigen Monaten in einen ganz anderen Kontext gestellt. Meist sind sie als Thema schon gar nicht mehr vorhanden. Ein Lehrer dagegen überblickt einen längeren Zeitraum und „vergisst" bei weitem nicht so schnell. Auch darin liegt oft eine Ursache für Unterschiede in der Selbstwahrnehmung eines Schülers und der Fremdwahrnehmung seines Lehrers.

Da sowie die biologische als auch die kognitive Entwicklung der Jugendlichen unterschiedlich schnell voranschreiten, besteht eine große Heterogenität in der Schülerschaft, die umso größer wird, wenn Jugendliche gemäß ihren Interessen und Motiven unterschiedliche Schwerpunkte des Engagements bilden dürfen.

An den Beschreibungen wird klar, welch hohe Anforderungen an das System Schule und vor allem an die Pädagogen gestellt werden.

Dritter Teil

Unsere Vision:
ein pädagogisches Konzept einer
„Neue Schule für ALLE"

Vorüberlegungen

Die Bayerische Verfassung, Art. 131[xxxiv] fordert, dass nicht nur Wissen und Können vermittelt, sondern auch Herz und Charakter der Kinder und Jugendlichen gebildet werden sollen. Des Weiteren werden u.a. Achtung vor der Würde des Menschen, Verantwortungsgefühl, Aufgeschlossenheit für alles Wahre, Gute und Schöne und Verantwortungsbewusstsein für Natur und Umwelt als oberste Bildungsziele angeführt. Nebenbei sollen unsere Kinder insbesondere auch in Säuglingspflege, Kindererziehung und Hauswirtschaft unterwiesen werden.

Nicht nur veränderte berufliche Anforderungen an zukünftige Arbeitnehmer erfordern ein Umdenken in den Schulen. So werden vermehrt Kompetenzen wie Team- und Kommunikationsfähigkeit, problemlösungsorientiertes Denken und Entscheidungskompetenz gefordert. Insbesondere wird zunehmend die Fähigkeit vorausgesetzt mit den zahlreichen Informationen unserer Informationsgesellschaft konstruktiv, selektiv und verantwortungsbewusst umzugehen.

In den wissenschaftlichen Disziplinen erfolgen seit Jahren revolutionäre Entwicklungen in einem rasanten Tempo. Ein zumindest grobes Wissen über die gefundenen Zusammenhänge und eine Fertigkeit im Umgang von komplexen Systemen ist Voraussetzung für ein regionales oder auch globales und verantwortungsvolles Engagement in unserer Gesellschaft.

Generell befindet sich unsere Gesellschaft in einem fortwährenden Umbruch, sei es wegen des immens schnell voranschreitenden technischen Fortschritts oder des zunehmenden Einflusses der Medien auf unsere Werte und Vorstellungen von einem glücklichen Leben. Veränderte Familienstrukturen werfen Fragen hinsichtlich der Erziehung von Kindern auf, die früher noch von der Kirche als wertevermittelnde Instanz beantwortet wurden.

In vielen Familien sind beide Eltern berufstätig. Dies macht zunehmend mehr Ganztagesangebote erforderlich.

Der schnelle Wandel in unserer Zeit macht sich auch in unserer heutigen Lebensweise in Form von

Hektik, Stress und Unruhe negativ bemerkbar. Deswegen ist es nötig, dass sich Schulen von dem traditionellen Korsett vergangener Tage befreien, um flexibler auf die Bedürfnisse unserer Kinder der heutigen Zeit einzugehen.

In einer modernen Schule soll die Persönlichkeitsentwicklung in den Vordergrund gerückt werden. Kinder sollen ihre Stärken, Talente und Neigungen, aber auch ihre persönlichen Grenzen und Schwächen kennen lernen.

Dabei bleibt Leistung weiterhin ein wichtiger Aspekt, nur definieren wir Leistung nicht mehr als eine rein ergebnisorientierte Komponente, sondern als einen dynamischen individuellen Prozess des Lern-und Wissenszuwachses und der Fähigkeit sich in neuen gesellschaftlichen und berufsbezogenen Aspekten weiter zu entwickeln, ganz gemäß unserem Leitbild

„Der Weg ist das Ziel" einer individuellen Persönlichkeitsentwicklung.

Die derzeitige Situation der Schule aus der Sicht des Gymnasiums

Das Wesen des Gymnasiums hat sich in den letzten Jahrzehnten deutlich verändert. So haben wir mancherorts Übertritts-Quoten der Schüler von der Grundschule zum Gymnasium von teilweise 60%-90%. Dies hat zur Folge, dass unser Gymnasium keine „Elite-Schule" mehr ist, sondern eine versteckte Gesamtschule.

Leider werden aber die äußeren Rahmenbedingungen des Gymnasiums den inhaltlichen Anforderungen nicht mehr gerecht. In zu großen Klassen (in der Regel 27-33 Schüler pro Klasse) finden wir inzwischen ein wesentlich breiteres Spektrum an Leistungsbereitschaft und Leistungsfähigkeit, als noch vor 15 Jahren. So erleben wir derzeit eine große Heterogenität an kulturellen und familiären Hintergründen mit unterschiedlichsten Begabungen in großen Schülergruppen.

Es ist bemerkenswert, dass die Schüler in der 5. Jahrgangsstufe des Gymnasiums voller Euphorie und Begeisterung ihre gymnasiale Zeit beginnen, in den höheren Jahrgängen sich aber zunehmend auf dem inneren Rückzug befinden und sich am Schulleben nur noch sehr minimalistisch beteiligen. Stattdessen verhalten sie sich unruhiger und unkonzentrierter und suchen eher die Geselligkeit als die intellektuelle Bereicherung im Klassenzimmer. Diese Entwicklung führt unterstützt von akustisch oft sehr schlecht ausgestatteten Räumen zu einer bisher unterschätzten enormen Lärmbelastung für Schüler und für Lehrer.

Die Zahl der verhaltensauffälligen Schüler in den Klassen steigt und bindet in Kombination mit der Pubertät in hohem Maße die Aufmerksamkeit des Lehrers. Ein ordentliches Arbeiten und Unterrichten wird dadurch stark eingeschränkt. Diese Grundsituation erschwert das Lernen in der Schule enorm.

Die Lehrer beschreiben die Jugendlichen in einer starken Konsumhaltung befindlich. Sie wollen bedient werden und versuchen ihre schulische Laufbahn meist nur mit reproduzierenden Methoden zu überleben.

Daher sind viele Schüler zum Zeitpunkt ihres Schullaufbahnendes nicht gewohnt, selbstständig zu arbeiten. Sie lernen nicht problemlösend, sondern eher in Schemata.

Eine Folge davon ist, dass viele sich selbst kaum einschätzen können und nicht wissen, ob und wie gut sie etwas können. Wie die Pisa-Studie auch bestätigt, sind ihre kreativen und problemlösenden Fähigkeiten eher schwach entwickelt und der Wissenserwerb ist nicht nachhaltig. Haben Schüler sogar das Abitur bestanden, so stehen sie trotzdem oft vor einem inneren „Vakuum", weil sie ihre eigenen Fähigkeiten und Neigungen noch nicht genügend kennen. Sie wissen weder, „wer sie sind", noch was sie beruflich werden wollen.

Langfristig gefährden diese Bedingungen unsere „High-Tech"-Wirtschaft!

Obwohl unser bisheriges Bildungssystem eine hohe Durchlässigkeit der Schularten und Ausbildungsrichtungen hat, stehen viele bürokratische und auch rechtliche Rahmenbedingungen einer höheren Flexibilität des Systems im Wege.

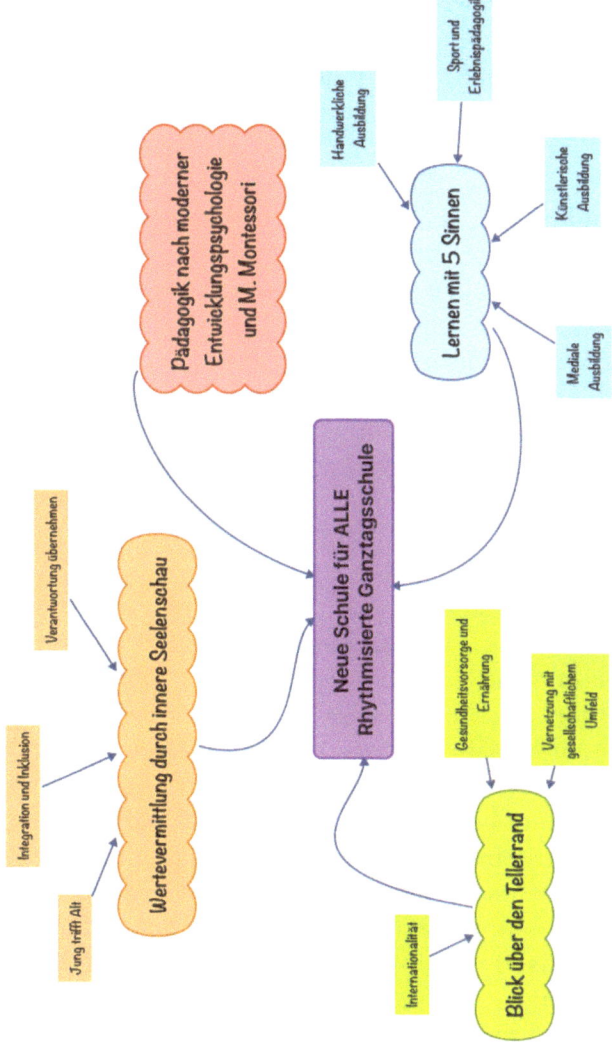

Pädagogik nach moderner Entwicklungspsychologie und M. Montessori

Handwerkliche Ausbildung

Sport und Erlebnispädagogik

Künstlerische Ausbildung

Lernen mit 5 Sinnen

Mediale Ausbildung

Neue Schule für ALLE Rhythmisierte Ganztagsschule

Verantwortung übernehmen

Integration und Inklusion

Jung trifft Alt

Wertevermittlung durch innere Seelenschau

Gesundheitsvorsorge und Ernährung

Vernetzung mit gesellschaftlichem Umfeld

Internationalität

Blick über den Tellerrand

93

Neue Schule für ALLE im Überblick

Unserem Konzept liegt die Idee einer „Neue Schule für ALLE" zugrunde. Sie soll Bildung für alle, also nicht nur für Kinder aus Familien mit bereits hohem Bildungshintergrund, sondern für Kinder unterschiedlichster Begabungen und Voraussetzungen ermöglichen.

Dabei wollen wir insbesondere der Komplexität unserer Kinder gerecht werden. Basierend auf den unten aufgeführten Grundgedanken unserer Vision einer neuen Schule werden unsere Schüler sehr breit und vielfältig angesprochen und gefördert.

Eine Binnendifferenzierung von unten nach oben, also vom Schüler ausgehend und nicht vom Lehrer vorgegeben, beinhaltet eine Begabtenförderung und Inklusion.

In einer Lernatmosphäre des Wohlfühlens wird der natürlich vorhandene Wissensdurst der Schüler entfacht und befriedigt. In Gemeinschaft zu lernen und mit gewissen Freiheitsgraden ausgestattet zu sein, motiviert unsere Schüler komplexe Zusammenhänge fächerübergreifend und themenorientiert begreifen zu wollen und fördert somit deutlich ein nachhaltiges Lernen, indem die Schüler zunehmend intrinsisch motiviert lernen.

Strukturell sind besonders das Prinzip der dualen Ausbildung, welches neben einer schulischen Laufbahn auch eine handwerkliche Ausbildung möglich macht, und das Prinzip der Inklusion, das mit zu einem christlichen, abendländischen Menschenbild führt, hervorzuheben.

Die Anwendung des Prinzips der externen Lernorte und Schülerlabore in enger Zusammenarbeit mit den vorhandenen Universitäten der Umgebung lässt den Schülern gerade in den sogenannten MINT-Fächern eine besondere Förderung und Motivation zukommen.

Die angewendete Pädagogik orientiert sich an den neuesten Erkenntnissen der Entwicklungspsychologie und Neurobiologie. Manche Aspekte hiervon sind auch als Montessori-Pädagogik bekannt.

Die Mehrgliedrigkeit unseres bestehenden Schulsystems dient als Orientierungsmuster und wird in einer einzigartigen übergreifenden und durchlässigen Art auch direkt vor Ort umgesetzt.

Am Ende der Schulausbildung erwarten wir reife und bewusste Schüler, die sich gut einschätzen können und mit hoher Wahrscheinlichkeit einen Beruf wählen werden, der sie erfüllt und befriedigt.

Gleichzeitig werden sie den nötigen Mut haben, ihre Individualität in unserer Gesellschaft zu leben.

So werden sie durch ihre Kreativität und Lebensfreude zu sehr wertvollen, innovativen und verantwortungsvollen Mitgliedern unserer Gesellschaft.

Allen voran werden sie durch ihr Engagement eine klare Bereicherung für unsere Volkswirtschaft sein und einen wesentlichen Beitrag zum allgemeinen Weltfrieden leisten.

Das pädagogische Konzept –
„DER WEG IST DAS ZIEL"

Nach den vorab dargestellten Überlegungen stellt man sich natürlich die Frage: Wie wollen wir all diese Ziele und Vorstellungen in einer Schule umsetzen und verwirklichen?

Bevor wir dieser Frage nachgehen, wollen wir festhalten, dass wir die Schule nicht als ein starres Organisationssystem sehen, dass um seiner selbst Willen sich erhält, sondern als ein lebendiges Gebilde, dass insbesondere von den Schülern, Lehrern und Eltern ständig aufs Neue inspiriert wird und damit einer ständigen dynamischen Veränderung unterliegt. Deshalb soll sie mit einem hohen Maß an Flexibilität innerhalb des bestehenden rechtlichen Rahmens reagieren können. Die nachfolgenden Kriterien folgen so elementar und tiefgreifend aus dem Leben, dass deren Umsetzung eine solide, stabile und erfolgreiche Struktur verspricht.

Leitbilder unserer Pädagogik

Die Schule orientiert sich an wissenschaftlichen Erkenntnissen. Sie folgt keiner Ideologie, sondern unserem gesunden Menschenverstand und unserer reichhaltigen Erfahrung als Pädagogen. So erleben wir, dass die empirischen Beobachtungen von Maria Montessori und die wissenschaftlichen Ergebnisse der Entwicklungspsychologie und Neurobiologie sich sehr stark bestätigen und ergänzen.

Eines der wesentlichen Leitbilder unserer Pädagogik lautet demnach: **„Hilf dem Kind, es selbst zu tun."** (M. Montessori). Wir wollen das Kind in den Mittelpunkt stellen und es in seinem Bedürfnis nach Freiheit und dem Streben nach Unabhängigkeit unterstützen, damit es sich entwickeln und seine Individualität ausbilden kann. „Es erlangt seine Freiheit, was die erste Lebensregel in jedem Wesen ist (...) durch eine ständige Tätigkeit. (...). Der Hauptantrieb des Kindes ist, selbst zu handeln ohne fremde Hilfe, und seine erste bewusste Tat der Unabhängigkeit ist die Verteidigung denen gegenüber, die versuchen, ihm zu helfen." xxxv

Die Jugendlichen sollen zunehmend selbst und auch kritisch denken, für ihr Tun und dazu gehört implizit dann auch ihr eigenes Lernen die Verantwortung übernehmen. Das Lernen ist als ein selbstgesteuerter Prozess zu sehen, d.h. nichts anderes als, dass der Schüler <u>aktiv</u> Entscheidungen trifft. Er strukturiert und organisiert sein Vorgehen, formuliert seine Ziele und reflektiert sein Tun. Die Schüler erarbeiten ihr Wissen. Sie lernen aktiv und werden nicht gelernt. [xxxvi]

Daraus ergibt sich ein neues Lehrerbild. Die Lehrkräfte nehmen zusätzlich zur bekannten Rolle des Darbietenden auch noch die Aufgabe des begleitenden Erziehers an, der die Kinder beobachtet und ihnen gemäß ihres Wissens- und Entwicklungsstandes neue Anreize mit Hilfe einer „vorbereiteten Umgebung" (M. Montessori) bietet.

Dabei wertschätzen sie die Individualität jedes Kindes, insbesondere als Bereicherung in einer heterogenen Gemeinschaft.

Leistung ist ein wichtiger Aspekt in unserem Schulkonzept. Wir gehen davon aus, dass jedes Kind von Grund auf neugierig ist, leisten und arbeiten will.

Allerdings sehen wir den Begriff der Leistung nicht rein als ergebnisorientierten Output, sondern wir verstehen Leistung in pädagogischer Hinsicht als etwas, das den ganzen Menschen, also neben der Wissensvermittlung auch die Persönlichkeitsbildung, miteinbezieht.

Der Begriff Leistung im herkömmlichen Sinne (Arbeit pro Zeit) wird durch den pädagogischen Leistungsbegriff (individuelle Arbeit pro individuelle Zeit) ersetzt. Demnach ist die pädagogische Leistung als ein individueller Prozess des Lern- und Wissenszuwachses zu verstehen, der neben der Fachkompetenz die Entwicklung von Sozial-, Personal- und Selbstkompetenz einschließt.

„Angst vor Misserfolg" wird transformiert in ein „Hoffen auf Erfolg". Deshalb leben wir an unserer Schule eine neue Fehlerkultur. Fehler werden als Chance zum Lernen verstanden. Der Umgang mit konstruktiver Kritik wird als Chance zur Optimierung, Verbesserung und Veredelung seiner eigenen Tugenden verstanden.

Nach neurobiologischen Erkenntnissen weiß man, dass Angst nachhaltiges Lernen behindert. Stattdessen fördern positive Gefühle wie Begeisterung, Leidenschaft und Freude während des Lernprozesses die gewünschte Nachhaltigkeit des Erlernten. Die Schüler sollen also während der Schulzeit ein positives Grundgefühl leben.

Die geistige und körperliche Entwicklung der Schüler soll auch von einer seelischen Entwicklung begleitet werden. Demut und Faszination gegenüber der Schöpfung oder der Natur und das Prinzip der Nächstenliebe sollen als gelebte Muster die Entwicklung der heranwachsenden Persönlichkeit begleiten. „Die Schüler sollen beginnen, alles, was sie lernen wertzuschätzen oder gar zu lieben und in einen Bezug zur Menschheit zu setzen.

Unsere Schüler sollen in einer "vorbereiteten Umgebung" die Freiheit zu handeln erleben und in dieser Welt auf intelligente Weise und mit Herz aktiv tätig sein." [xxxvii]

Wertevermittlung durch „innere Seelenschau"

Der Begriff der Wertevermittlung ist bei Diskussionen im Bildungswesen ein oft verwendetes Schlagwort. Geht man schließlich der Frage nach, welche Werte darunter eigentlich verstanden werden, so ist diese Frage gar nicht so schnell und leicht zu beantworten. Spontan fallen Begriffe wie Demut, Dankbarkeit und Wertschätzung der eigenen Person und anderer Lebewesen bzw. Personen, aber auch der Natur. Nächstenliebe ist in Form von Hilfsbereitschaft und Mitgefühl ein weiteres erstrebenswertes Gut.

Ausgehend von der Herausforderung, wie Werte vermittelt werden, haben wir den Begriff der „inneren Seelenschau" formuliert. Um eine innere Balance zu finden, ist es zum einen nötig, dass die Seele durch vielfältige Erfahrungen z.B. in den Bereichen Musik, Kunst und Natur angesprochen wird, aber auch, dass der einzelne sich in verschiedenen Sozialitäten erleben und seinen Körper fühlen kann. „Seelenschau" beginnt zuweilen dort, wo man Menschen begegnet, die sich in einer schlechteren Situation oder Gesundheit befinden. Zitiert man das 1.Gebot: „Liebe Gott oder den Nächsten wie dich selbst.", so lässt sich dieses Zitat in unserer modernen Zeit deuten als ein Zu-Sich-Finden, indem man betet, meditiert, an eine höhere Schöpfungskraft glaubt usw., und dass man Mitgefühl entwickelt, Hilfsbedürftigen hilft, ohne sich selbst dabei aufzugeben.

Inklusion

Inklusion ist nicht nur deswegen aktuell, weil es seit der UN-Konvention politisch gefordert und finanziell gefördert wird.

Die soziale und emotionale Intelligenz von Kindern und Jugendlichen wird in der heterogenen Gemeinschaft von „Gesunden" und Kindern mit besonderem Förderbedarf weiterentwickelt, denn der Jugendliche lernt Andersartigkeit und verschiedene Facetten des Lebens kennen. Eine daraus resultierende Wertschätzung lehrt den respektvollen Umgang mit andersdenkenden oder mit in andersartigen Situationen befindlichen Personen. Verantwortung für jemanden zu übernehmen, der auf die Hilfe angewiesen ist, lässt Empathie und Mitgefühl wachsen.

So werden Toleranz, Einfühlungsvermögen und Hilfsbereitschaft gestärkt, was wiederum zu einer Steigerung der individuellen Lebensqualität führt.

Schüler mit unterschiedlichsten Begabungen z.B. auch Hochbegabte oder Jugendliche mit Migrationshintergrund erleben sich in dieser Schule in einer sozialen Gemeinschaft mit unterschiedlichem Verantwortungsgrad.

Werte werden nicht nur gehört, sondern direkt gelebt.

Jung trifft Alt

Zu früheren Zeiten herrschte das Prinzip der Großfamilie vor. Viele Geschwister zu haben war normal. Die Großeltern lebten in der Familie mit und bereicherten die Familienstruktur durch ihre Art der Wertevermittlung. Die heranwachsenden Kinder erlebten den Tod von Bekannten oder Verwandten oft schon in jungen Jahren.

Die Auseinandersetzung mit den Werten früherer Generationen prägte die Entwicklung der Persönlichkeiten der jungen Menschen in entscheidendem Maße. Die Lebenserfahrungen der älteren Menschen waren unschätzbar wertvoll, da sie in keinem Buch nachzulesen waren, noch in Schulen vermittelt werden konnten.

Angesichts unserer gesellschaftlichen demografischen Entwicklung ergibt sich geradezu eine geschichtliche Chance die Lebenserfahrungen der „Älteren" an unsere Schüler weiterzugeben.

Dabei werden die Erfahrungswelten der „Alten" angezapft und ganz nebenbei „Lebensweisheiten", aber auch Umgangsformen und Traditionen vermittelt. Oft besitzen ältere Menschen besondere Fähigkeiten im musischen oder künstlerischen Bereich oder sie beherrschen ein spezielles Handwerk. Manche können durch ihr breites Wissen und ihre Liebe zur Kunst und Literatur beeindrucken und verbreiten eine Muße und Ruhe, die ebenfalls inspirierend wirken kann.

Die Auseinandersetzung der jugendlichen, „modernen" Ansichten mit denen der älteren, „antiquierten" Lebensphilosophie wird die Gemeinschaft als Bereicherung empfinden.

In der konkreten Umsetzung bedeutet dies, dass pensionierte Mitglieder unserer Gesellschaft in unterschiedlichsten Funktionen am Schulleben beteiligt werden. Zum Beispiel können Universitätsprofessoren in das Unterrichtsgeschehen eingebunden werden oder Handwerker als „Seniorberater" tätig werden, usw.

Verantwortung übernehmen

Eine Folge der Werteerziehung ist der Prozess Verantwortung zu übernehmen.

Um Verantwortung für sein eigenes Leben zu übernehmen, ist es notwendig seine Bedürfnisse zu sehen und diese auch gegenüber der Gemeinschaft zum Ausdruck zu bringen und in angemessener Weise zu vertreten. Dazu gehören auch aktive Entscheidungsprozesse, die zu einer inneren Klarheit und einem glücklichen Lebensgefühl führen.

Sie beeinflussen das Zusammenleben in der Gemeinschaft. Sich um andere zu kümmern und anderen zu helfen, ohne sich dabei selbst aufzugeben, ist ein Beispiel für ein Verhalten, das die Entwicklung der Persönlichkeit fördert. Sich mit seinen Fähigkeiten in die Gemeinschaft einzubringen oder verantwortungsvolle Organisationen zu gestalten und zu beleben, entwickelt die soziale Kompetenz der Jugendlichen.

Verantwortung gilt es aber nicht nur im direkten sozialen Umfeld zu übernehmen. Die Welt soll als globale Herausforderung empfunden werden. Dies erfordert die Sensibilisierung der Jugendlichen für Themen, die außerhalb der „heilen Welt der Schule" stattfinden.

Verantwortung zu übernehmen soll als logische Konsequenz empfunden werden, wenn die Schöpfung in seiner Ganzheit wertgeschätzt wird.

Lernen mit 5 Sinnen

Die Schüler sollen ihr Leben möglichst positiv erleben. Dies soll durch eine vielfältige Umgebung angeregt werden, die ihnen es ermöglicht ihre 5 Sinne unterschiedlich anzusprechen. Mit deren Hilfe versucht der Mensch seine Umwelt zu begreifen und Zusammenhänge zu erkennen. Lernphysiologisch wird die Wahrscheinlichkeit deutlich erhöht, neues Wissen zu generieren und in das bestehende Wissen und Können einzubetten, wenn verschiedene bzw. mehrere Sinnesorgane angesprochen werden. Jeder Mensch lernt unterschiedlich und spricht auf unterschiedliche Lernkanäle an, vom visuellen, auditiven bis zum haptischen Lerntypen sind alle Ausprägungen möglich. Beim Lernen nimmt der Mensch idealerweise Details aus dem komplexen Ganzen heraus, beleuchtet diese dann auf seine Weise, um sie dann wieder zurück in die Gesamtheit zu stellen. Auf diese Weise versucht er Erkenntnisse über Zusammenhänge und der Rolle der Details im Ganzen zu erlangen oder sie zumindest zu erspüren und auf diese Weise das Ganze in seiner Bedeutung zu begreifen.

Ist er seiner tief in ihm schlummernden Neugier gefolgt, so fühlt er sich besonders glücklich, wenn er seine neuen Erkenntnisse mit anderen Menschen austauschen kann. Diese vielfältigen Verknüpfungen der Gedanken versprechen eine große Nachhaltigkeit und die Chance für ein komplexes Verstehen unserer Welt.

Eine andere Art des Lernens erfolgt durch das Erleben direkt in komplexen Zusammenhängen. Oft erscheint uns diese Art bedeutend effektiver als das Lernen von abgekoppelten Details. Diese Art ist für Pädagogen allerdings nicht so leicht nachvollziehbar bzw. kontrollierbar und damit auch nicht so leicht bewertbar. Doch beobachten wir, dass die Schüler manchmal scheinbar ohne einen bewusst reflektierten Lernprozess ein erstaunliches Können entwickeln. Das legt den Schluss nahe, dass Lernen durchaus ohne Reflexion und Bewertung stattfinden kann und das sogar sehr effektiv.

Wenn jemand in seinem eigenen Rhythmus arbeiten kann und sich dabei selbst wahrnimmt und spürt, sozusagen bei sich selbst ist, in sich ruhend, wird er, solange er fühlt, dass er frei entscheiden kann und keine Angst haben muss, kreative Eruptionen erleben.

Auch haben wir beobachtet, dass eine kreative künstlerische Entwicklung den Bewusstheitsgrad und damit auch den allgemeinen Lernprozess fördert. Deshalb gehen wir davon aus, dass die Förderung von künstlerischen Tätigkeiten auch die allgemeinen kreativen Fähigkeiten verbessert.

Duale Ausbildung

In der „Neuen Schule für ALLE" wollen wir die duale Ausbildung mit einem Handwerk anbieten. Dabei soll den Jugendlichen bis zur mittleren Reife ein Teil der notwendigen Lehrzeit angerechnet werden. Bis zum Abitur soll die Lehre sogar mit einer Gesellenarbeit abgeschlossen werden können. Die Vernetzung der Schule mit dem gesellschaftlichen Umfeld, sowie die nötige Ausstattung vor Ort ermöglicht dem Schüler eine Ausbildung als Schreiner, Hufschmied, Gärtner, Steinmetz, Koch, ….

Künstlerische Ausbildung

Die Schüler sollen sich selbst in künstlerischen Tätigkeiten, wie z.B. im künstlerischem Handwerk oder auch dem Theater erleben. Während der Schullaufbahn bekommen die Schüler Gelegenheit mindestens ein Musikinstrument zu erlernen. Das Geheimnis der Musik soll allen Schülern offenbart werden.

Sport und Erlebnispädagogik

Die Schüler sollen Gelegenheiten bekommen, sich auch mit selbst gestellten Herausforderungen auseinanderzusetzen und dabei Verantwortung zu übernehmen. Sportliche Betätigungen fördern das Körpergefühl und die Reflexion seiner eigenen

Ganzheit. Die Schüler planen und führen Projekte zunehmend eigenverantwortlich durch. Das Naturerlebnis und die Möglichkeit, Stille zu erfahren und zu einer inneren Ruhe zu finden, prägen die Kinder ebenfalls nachhaltig.

Mediale Ausbildung

Über den gezielten Einsatz moderner Medien erlangen die Schüler die Fähigkeit mit Hilfe der Technik des Vernetzens Informationen nach heutigem Standard aktuell zu recherchieren, zu beurteilen und auch professionell darzustellen.

„Blick über den Tellerrand"

Aus dem Gefühl der Geborgenheit und Sicherheit heraus, welches die Schule vermittelt, sollen die Schüler möglichst früh mit der Welt außerhalb der „heilen Welt" der Schule konfrontiert werden. Deswegen muss die Schule Kontakte zur Außenwelt sowohl lokal als auch global aufbauen.

Vernetzung mit gesellschaftlichem Umfeld

Über das Konzept der außerschulischen Lernorte stehen die Schüler in ständigem Informations- und Erfahrungsaustausch mit den Strukturen der Gesellschaft, wie z.B. Bildungsstätten verschiedenster Art oder sozialen Einrichtungen.

Die Teilnahme an externen Schülerlaboren oder die Ausführung sozialer Tätigkeit im Gemeindeleben der umgebenden Kommunen sind Beispiele hierfür.

Kulturelle Einflüsse wie Kunst, Theater, Musik sind dabei ebenso wichtig.

Möglichkeiten, wissenschaftlich tätig zu werden, sollten auch auf dem Schulgelände ermöglicht werden, um insbesondere auch die MINT-Fächer zu fördern.

Über die duale Ausbildung bekommen die Schüler mehr als nur einen Einblick in Bereiche des Handwerks.

Darüber hinaus sollen aber auch Kontakte zu Industrie und Wirtschaft geknüpft werden. Die Vernetzung mit Universitäten, Instituten oder anderen Schulen unterstützen diese Ziele.

Internationalität

Die Schüler sollen durch eine internationale Vernetzung der Schule internationale Kontakte aufbauen und pflegen.

Der globale Aspekt wird durch Austauschprogramme umgesetzt, bei denen Schüler die Möglichkeit haben ein Auslandssemester zu absolvieren, auch Hilfsprojekte im Ausland sind denkbar. Zudem sollen Kontakte zu ausländischen Partnerschulen aufgebaut und gepflegt werden.

Gesundheitsvorsorge

Während ihrer schulischen Laufbahn erfahren die Schüler eine begleitende medizinische Betreuung nach dem Prinzip der Vorsorge und nicht nur der Nachsorge. Hierbei finden je nach Nachfrage auch alternative Konzepte ihre Anwendung. Im betreuenden Bereich könnte beispielsweise auch therapeutisches Reiten stattfinden.

Nach einer Studie[xxxviii] hat die Ernährung der Schüler einen signifikanten Einfluss auf die Effektivität des Lernens. So wird einerseits über eine überdurchschnittlich gesunde Ernährung der Schüler auf dem Schulgelände und andererseits über eine Lehre zu einer gesunden Lebensweise und Ernährung eine gesundheitliche Vorsorge betrieben. Insbesondere werden sie in Heilkräuterkenntnissen der hiesigen Botanik kundig gemacht.

In der Schulküche haben die Schüler die Gelegenheit, ihre Kenntnisse auch praktisch umzusetzen, indem sie lernen, „gesunde" Gerichte zuzubereiten.

Fächerübergreifend sollen die Schüler nach dem mittleren Abschluss zumindest theoretisch in der Lage sein unabhängig von unserer modernen Gesellschaft zu überleben.

Ablauf des Schulbetriebs

Der bayerische Lehrplan in Modulen

Da die Schüler zu bayerisch anerkannten Schulabschlüssen geführt werden sollen, dient der bayerische Lehrplan als Basis des zu vermittelnden Wissens. In den anderen Bundesländern wird entsprechend der dort gültige Lehrplan herangezogen. Der Lehrplan wird inhaltlich in Module zerlegt, die bis zum Zeitpunkt der Prüfung, welche die Schüler als "andere Bewerber" an staatlich anerkannten Schulen absolvieren, bearbeitet werden sollen. Dabei wird den fächerübergreifenden Aspekten besonderes Augenmerk entgegengebracht.

Grober Ablauf des Schulalltags

Der Ablauf folgt dem Konzept einer gebundenen Ganztagesschule. Die Schulzeit beginnt um 8:00 Uhr und endet nicht vor 15:30 Uhr. Der Schulstoff wird in Modulen gelernt. Es gibt einen rhythmisierten Stundenplan, der durch individuelle Strukturen, wie z.B. externe Lernorte, unterbrochen bzw. bereichert werden kann. Der Schüler wählt in weitest gehender Selbstbestimmung die Inhalte seiner Wochenpläne, den Zeitpunkt, den Ort und den Lernpartner. So bekommt er sein Wissen entweder aus Büchern oder dem Internet, von Freunden, bzw. Klassenkameraden oder dem Lehrer. Natürlich wird er dabei von einem Lehrer-

Coach beratend begleitet und geführt. Er erlebt sich in einer sozialen Lernumgebung.

Vor Ort gibt es eine Mensa, die ausreichend Gelegenheit für eine hoch qualitative Ernährung, aber auch für geselliges Beisammensein in Form eines Cafés bietet.

Durch diese Freiheitsgrade erfahren die Schüler ein breites Spektrum an pädagogischen Unterrichtsformen. Eine Bandbreite von verschiedenen Unterrichtsmethoden – von Frontal-Unterricht bis zu vollständig autodidaktischem Unterricht – findet in einer rhythmisierten Struktur mit einem individuellen Stundenplan ihre Anwendung. Projektarbeiten und Praktika, aber auch außerschulische Lernorte, wie z.B. Schülerlabore an Universitäten sind Beispiele für die Vielfalt der Unterrichtsstrukturen.

Darüber hinaus erleben die Schüler besondere pädagogische Herausforderungen, indem sie eine selbst gewählte, klar definierte Herausforderung in einem bestimmten Zeitrahmen bearbeiten oder die Gelegenheit bekommen, in einem selbst gewählten Rahmen eine besondere Verantwortung zu übernehmen.

Die Umsetzung dieser Ziele fördert die Persönlichkeitsentwicklung in besonderem Maße und erfordert automatisch eine organische und lebendige Vernetzung der Schule mit dem gesellschaftlichen Umfeld.

Die Rolle des Coaches wird von Lehrpersonen übernommen. Sie dienen als Vertrauenspersonen und direkte Ansprechpartner und sollen dem

Schüler helfen, sich in zunehmender Selbstbestimmung und Selbstverantwortung zu erleben. Somit sind sie nicht nur Referenten, sondern auch Beobachter, die ihre Schüler in den einzelnen Prozessen gezielt unterstützen und mit ihnen gemeinsam während des Schuljahres ihre Entwicklungsfortschritte reflektieren. Dabei bleibt trotzdem das Prinzip „Lernen durch Lehren" erhalten. Das bedeutet, dass die Möglichkeit besteht, dass auch Schüler in gewissen Maße in die Rolle eines Coaches oder Lehrenden schlüpfen können.

Zur Selbstkontrolle werden Checklisten entwickelt. In einem Portfolio oder in einem Lerntagebuch müssen die Schüler ihre Tätigkeiten protokollieren und dokumentieren.

Die Schüler bekommen keine Schulnoten im herkömmlichen Sinn, sondern erhalten zum Halbjahr und am Ende des Schuljahres in einem Zeugnis ausführliche Beschreibungen über die Entwicklungen ihrer Verhaltensweisen und ihrer Fertigkeiten.

Vierter Teil

FAQs

1. Ist die Qualität an dieser Schule gesichert?

Durch die Teilnahme an den Abschlussprüfungen an staatlich anerkannten Schulen – also Quali, Mittlere Reife und auch Abitur, als sogenannte „Externe" garantieren wir eine Vergleichbarkeit der Leistungen unserer Schüler mit denen aus der Regelschule am Ende der jeweiligen Schullaufbahn.

Bis dahin begleiten wir die Schüler individuell in ihrem Lernprozess, indem sie u.a. über Zielvereinbarungen und Rückmeldung über einen Coach ihr Lernen selbst gestalten und reflektieren. Neben fachlichen Inhalten lernen sie vor allem auch das Lernen an sich. Sie übernehmen immer mehr Verantwortung, lernen durch das kontinuierliche Reflektieren ihre Stärken, aber auch ihre Schwächen kennen. Durch konstruktiven Umgang mit Fehlern werden sie zunehmend resilienter, d.h.

sie können aus vermeintlichen Misserfolgen ihre Schlüsse ziehen und daraus lernen.

Unsere Schüler werden von pädagogischem Fachpersonal unterrichtet. Sowohl Gymnasiallehrer als auch Mittelschullehrer, Grundschullehrer, Erzieher, Freizeit-und Sonderpädagogen begleiten die Kinder in ihrer Schullaufbahn.

Die fachlichen Inhalte richten sich dabei an die Vorgaben des bayerischen Lehrplans, d.h. auch unsere Schüler lernen die gleichen Lehrplaninhalte wie Schüler des Regelschulsystems. Im Unterschied dazu modularisieren wir die Inhalte, d.h. die Schüler haben die Möglichkeit, die Inhalte vertieft und zusammenhängend in Lernpaketen zu bearbeiten, woraus wir uns ein komplexeres Verständnis von Zusammenhängen versprechen. Gleichzeitig erleben die Schüler ein breites Angebot an Methodenvielfalt.

2. *Ist eine Vergleichbarkeit mit der Regelschule gegeben oder ist diese Schule sogar besser?*

Im kognitiven Bereich sehen wir uns auf einer Stufe mit den Regelschulen. Unsere Schule hebt sich allerdings im Bereich der Persönlichkeitsentwicklung und der Entwicklung der Selbstkompetenz deutlich von anderen Schulen im positiven Sinne ab. Auch bietet unsere Schule mehr Möglichkeiten einer breiteren Bildung, insbesondere im wissenschaftlichen, künstlerischen oder handwerklichen Bereich.

Im Vergleich zur Regelschule machen wir einen ganzheitlicheren Ansatz. Wir suchen nicht nur spezifische sehr gute Eigenschaften der einzelnen Schüler, sondern die Schüler sollen sich in ihrem ganzen Wesen gesehen und wertgeschätzt und damit nicht nur auf Noten reduziert fühlen. Damit werden sie zu Menschen, die ihre Mitmenschen nicht nur als Konkurrenten, sondern auch als wertvolle Mitglieder einer Weltgemeinschaft sehen.

3. *Warum verspricht das Schulkonzept eine größere Nachhaltigkeit?*

Mehr Nachhaltigkeit erreichen wir vor allem durch ein deutlich höheres Maß an intrinsischer Motivation der Schüler und der konsequenten Umsetzung des Prinzips: Neue Informationen werden mit alten, bekannten und gekonnten Informationen verknüpft. Dabei übernehmen die Schüler Verantwortung für sich selbst und dadurch auch für ihr Lernen. Sie werden sozusagen nicht gelehrt, sondern sie lernen. Unserer Meinung nach behindert – wenn nicht sogar verhindert – das große Maß an Fremdbestimmtheit nachhaltiges Lernen.

4. *Wir leben in einer Leistungsgesellschaft. Ist mein*
   Kind an dieser Schule nicht zu sehr abgeschottet?
   Es muss doch früh lernen, sich in dieser Ellbogen-
   gesellschaft zu behaupten.

In dieser Frage drückt sich die Sorge vieler Eltern aus, dass ihr Kind sich in der Gesellschaft
nicht behaupten kann, wenn es nicht frühzeitig mit
den „Spielregeln des harten Lebens" konfrontiert
wird.

Wir fordern den Freiraum für jedes Kind, damit
es sich – ganz bewusst ohne Druck – entwickeln
kann. Während der Schulzeit steht das Kind sozusagen unter dem Schutz der Schule, man könnte
auch von einer Art Welpenschutz reden. Diese Geborgenheit und dieser Schutz sollen ein angstfreies
Heranwachsen ermöglichen, denn erst dann ist eine optimale Entfaltung und Entwicklung der
Anlagen und Begabungen des Kindes möglich.
Gerade eine daraus entstandene selbstbewusste
Persönlichkeit sehen wir als Voraussetzung an, um
sich später „im Leben" zu behaupten.

In unserer heutigen, schnelllebigen Zeit müssen
die jungen Menschen möglichst schnell und effektiv mit sehr vielen Informationen umgehen. Dies
gelingt ihnen besser, wenn sie gerade nicht so früh
sich spezialisieren mussten und eine breite Basis
an Kenntnissen und Erfahrungen erlangen konnten. Dabei steht nun vielmehr im Vordergrund,
dass die Kinder das „Lernen lernen". Überdies
sind wir der Meinung, dass Kinder und Jugendliche sich später in der Welt besser zurechtfinden

werden, wenn sie die Möglichkeit bekommen, sich gemäß ihren Anlagen entwickeln zu können, sie ihre Grenzen erfahren, ihre Stärken und Schwächen kennenlernen, sie wissen, was sie besonders interessiert, usw. So werden die Kinder ein positives Selbstbild bekommen, sodass sie Erfolg erwarten können, wenn sie sich genügend anstrengen, aber vor allem auch, dass sie lernen, Misserfolge einzuordnen und mit ihnen konstruktiv umzugehen.

Das Vertrauen in sich und in seine Stärken dient als stabiles Fundament um sich dann in der herausfordernden Erwachsenenwelt gut behaupten zu können.

5. *Was ist, wenn mein Kind die Module nicht bearbeitet, sondern sich nur zurücklehnt und nichts tut? Wie lange soll man dabei zuschauen?*

Jedes Kind möchte einerseits seinen Eltern genügen und andererseits sich selbst in seiner Leistungsfähigkeit erleben. Das menschliche Gehirn ist wie ein trockener Schwamm, der alle Informationen aufsaugen möchte, die es haben kann, um sie dann zu verarbeiten. Wenn ein Kind sich zurücklehnt, dann hat dies konkrete Ursachen, die meist psychologischer Natur sind. Solch ein Kind macht sozusagen nicht nichts, sondern verarbeitet gerade etwas und entzieht sich für diesen inneren Prozess den allgemein geforderten Verhaltensweisen. In der Regelschule würde es in dieser Phase meistens schlechte Noten erhalten, die wiederum ein „self-fulfilling" Aspekt aufbauen und dem Kind es erschweren später mit Selbstbewusstsein wieder in den allgemeinen Lernprozess einzusteigen. Unter anderem auch deshalb lehnen wir eine Notengebung im klassischen Sinn ab.

In der „Neuen Schule für ALLE" erlebt das Kind durch seine Freiheitsgrade der Selbstbestimmung, der ständigen Wertschätzung und durch seine soziale Gemeinschaft eine seelische Regeneration. Unterstützt wird dieser Prozess in solch einem Fall gerade durch künstlerische und haptische Herausforderungen, denen es sich stellen wird.

Je nach Situation braucht das Kind zwischen wenigen Tagen bis zu 2-3 Monaten, in denen es sich innerlich so sortiert, dass es wieder mit Freude lernen möchte. Dabei schaut der Lehrer nicht einfach tatenlos zu, sondern ist dann besonders als Pädagoge gefordert, begleitet das Kind und hilft ihm wieder in die aktiv lernende Gemeinschaft zurückzukehren.

6. *Wie bekommen Sie ein Kind dazu, auch Inhalte zu bearbeiten und zu lernen, die es überhaupt nicht interessiert oder mag, wie z.B. Mathe oder Latein?*

Normalerweise besitzt ein sich selbst reflektierendes Kind die innere Freiheit und den Mut seiner natürlichen Neugier zu folgen und sich auch mit Fächern zu beschäftigen, die es vorher als langweilig bezeichnet hatte. Natürlich ist die Intensität der Beschäftigung mit einem Fach je nach Neigung und Interesse unterschiedlich hoch. Doch erkennt der Schüler schon aus dem Verantwortungsgefühl gegenüber sich selbst und seinen Wünschen die Notwendigkeit auch Dinge zu erlernen, die gerade als nicht so spannend empfunden werden. Der Fachlehrer und der Coach spielen hier eine wesentliche Rolle das Kind für eine Sache oder gar für ein Schulfach zu begeistern.

Sehr oft liegt diesem Desinteresse ein mangelndes Selbstbewusstsein zugrunde. Gelingt es dem Schüler sich dieses in einem anderen Fach zu holen, wird er versuchen zu den anderen Mitschülern auch in z.B. Mathematik aufzuschließen. Aus Erfahrung wissen wir, dass gerade die künstlerischen Fächer, wie Theater, Kunst oder Musik den Schülern helfen sich innerlich zu ordnen, was wiederum zu mehr Mut führt sich einem vermeintlich schwierigem Fach nochmals zu widmen

7. *Mein Kind kann nicht die gleichen Inhalte in Mathematik wie unser Nachbarjunge, der im gleichen Alter und in der gleichen Jahrgangstufe in einer Regelschule ist. Wie wollen Sie verhindern, dass sich bis zum Abitur Lücken anhäufen, die kaum geschlossen werden können?*

Eltern von Privatschulen neigen viel häufiger zu Vergleichen der Leistungen ihrer Kinder mit den Leistungen anderer Kinder, z.B. auch mit denen aus der Regelschule, als Eltern aus der Regelschule. Egal, mit wem man sein Kind vergleicht, meistens schneidet sein eigenes Kind schlechter ab. Das liegt einerseits an den Ängsten der Eltern, die deshalb ja solch einen Vergleich überhaupt erst machen und daran, dass Kinder bei familiären Personen, wie z.B. den Eltern fast immer schlechter in ihren Leistungen abschneiden als bei außenstehenden Personen. Nun kommt noch erschwerend hinzu, dass das Kind in der Privatschule seine Lerneinheiten anfangs nicht nach der Denknormierung der Regelschule erlernt. Das Kind ist somit nicht auf die spezifischen Fragestellungen der Regelschule normiert. Gleichzeitig ist der Zeitpunkt zu dem der Privatschul-Schüler den Stoff lernt oft ein ganz anderer als der in der Regelschule. Diese Umstände machen den Vergleich der Lernkenntnisse zwischen Kindern aus einer Privatschule und einer Regelschule während der Zeit bis zu den Abschlüssen sehr schwer und verunsichern die Eltern. Das Konzept einer Privatschule ist in der Regel so aufgebaut, dass ein Vergleich der kognitiven Leistungsfähigkeiten mit Schülern aus einer Regelschule erst mit den Abschlussprüfungen, wie Quali, Mittlere Reife oder Abitur stattfindet.

8. *Was ist, wenn mein Kind das Modul nicht be-*
   herrscht. Kann es das Modul beliebig oft
   bearbeiten? Wie oft wird ein Modul angeboten in
   einem Schuljahr?

Ob und wie ein Kind einen kognitiven Inhalt er-lernt, hängt sehr von dem jeweiligen Entwick-lungsstand des Kindes ab. Sie haben sicherlich auch schon erlebt, dass beim Lernen manches an-fangs sehr schwer wirkte, später aber dann plötzlich sehr einfach erschien.

Dies liegt mitunter daran, dass Wissen, das er-lernt wird, in der Regel aufeinander aufbaut. Gelingt es, Altbekanntes mit „Neuem" zu ver-knüpfen, erscheint einem plötzlich das „alte Wissen" leicht. Dieser Prozess braucht aber Zeit und eine altersbedingte, ausreichende Reife.

Im Schulleben kommen die Wissensmodule immer wieder in unterschiedlichem Kontext vor. So hat das Kind ständig die Möglichkeit angehäuf-te Lücken zu schließen und sich weiter zu entwickeln. Voraussetzung hierfür ist jedoch die Bereitschaft und ein aktiver Wille des Kindes. So stellt sich nicht die Frage, ob und wie oft ein Mo-dul angeboten wird, sondern ab wann es gelingt, ihr Kind von einer passiven, konsumartigen Hal-tung gegenüber seiner Welt in eine offensive, wache, aktive Geisteshaltung zu bringen und zu behalten.

9. *Wie wird festgestellt, ob ein Kind ein Modul be-*
herrscht und inhaltlich weiterarbeiten kann?
Gibt es einen Test am Ende des Moduls, der dem
Schüler ein Feedback gibt, ob er den Stoff be-
herrscht. Muss dieser vergleichbar sein, d.h.
müssen alle Schüler, die dieses Modul bearbeitet
haben, zum gleichen Zeitpunkt den gleichen Test
schreiben?

Das Kind erarbeitet sich den Stoff mit ständiger
Fehlerkontrolle und wird dabei von einem Lehrer-
Coach begleitet. So wird gewährleistet, dass sich
der Schüler sich selbst ehrlich begegnet. Auf der
Basis dieser Ergebnisse erfolgt die Entscheidung,
ob noch Wiederholungen notwendig sind oder im
Stoff weitergegangen werden kann.

Es gibt immer am Ende eines Moduls eine
Feedback-Prüfung über den Leistungsstand des
Schülers. Idealerweise bestimmt jeder Schüler den
Zeitpunkt seiner Prüfung, so dass im Extremfall
jeder Schüler einen anderen Prüfungstermin hat.
Aus organisatorischen Gründen wird dies aber
nicht immer gemäß dem Ideal umzusetzen sein.
Der Fokus wird in der Beschreibung seiner individuellen Lernentwicklung bestehen und nicht
primär im Vergleich zu den anderen Schülern. Den
Vergleich seiner Leistungen wird der Schüler na-
turgemäß von sich aus mit den anderen Mitschülern durchführen.

10. *Verliert das Kind durch die vielen Nebenbeschäftigungen nicht zu viel Zeit, die es am Ende für die Prüfungsvorbereitung bräuchte?*

Die Erfahrung zeigt, dass gerade diejenigen Kinder, die sich vielfältig in allen Schulfächern fordern, deutlich besser sind als diejenigen, die sich ständig nur mit einem vermeintlichen Krisenfach auseinandersetzen. Durch die intensive Beschäftigung mit verschiedenen Themen holen sich die Kinder meist ein Selbstbewusstsein, dass ihre Effektivität beim Lernen des problembehafteten Stoffes deutlich erhöht und sie dann letztlich weniger Zeit zum Begreifen benötigen.

11. *Wie soll gewährleistet sein, dass das Kind nicht erst für die Prüfung zu lernen beginnt?*

Das Schulkonzept ist so aufgebaut, dass das Kind sich ständig auf einem lernenden Weg befindet, die Schullaufbahn also einen dynamischen Entwicklungs- und Lernprozess darstellt. Hierbei wird der Schüler immer wieder mit prüfungsrelevanten Lerninhalten konfrontiert. Somit lernt der Schüler nicht erst vor der Prüfung. Eine intensivere Auseinandersetzung mit dem Prüfungsstoff direkt vor dem Prüfungszeitpunkt erscheint uns aber normal zu sein.

12. Wann gibt es Prüfungen? Gibt es Prüfungen, die mit den gesellschaftlich anerkannten Abschlussprüfungen wie Quali, mittlere Reife oder Abitur vergleichbar sind?

Es gibt ständig Feedbacks, die aber nicht benotet, sondern inhaltlich beschrieben werden. Am Ende eines Schuljahres bekommen alle Schüler ein Wortgutachten, das natürlich indirekt auch Noten beinhaltet. Durch die sprachliche Ausformulierung ist dieses Zeugnis jedoch wesentlich aussagekräftiger als das herkömmliche Zeugnis, das nur aus Noten besteht.

Erst zum Zeitpunkt der Abschlussprüfungen gehen die Schüler der Privatschule als sogenannte „Externe" zu den entsprechenden Prüfungen an eine staatlich anerkannte Regelschule und erhalten dann die vertrauten Zeugnisse, die in unserer Gesellschaft die notwendige Anerkennung finden.

Anhänge

Auszüge aus der Verfassung des Freistaates Bayern in der Fassung der Bekanntmachung vom 15. Dezember 1998,

2. Abschnitt
Bildung und Schule,
Schutz der natürlichen Lebensgrundlagen und der kulturellen Überlieferung
ART. 131

(1) Die Schulen sollen nicht nur Wissen und Können vermitteln, sondern auch Herz und Charakter bilden.

(2) Oberste Bildungsziele sind Ehrfurcht vor Gott, Achtung vor religiöser Überzeugung und vor der Würde des Menschen, Selbstbeherrschung, Verantwortungsgefühl und Verantwortungsfreudigkeit, Hilfsbereitschaft, Aufgeschlossenheit für alles Wahre, Gute und Schöne und

Verantwortungsbewußtsein für Natur und Umwelt.

(3) Die Schüler sind im Geiste der Demokratie, in der Liebe zur bayerischen Heimat und zum deutschen Volk und im Sinne der Völkerversöhnung zu erziehen.

(4) Die Mädchen und Buben sind außerdem in der Säuglingspflege, Kindererziehung und Hauswirtschaft besonders zu unterweisen.

Anhang 2:
Gesetz über das Erziehungs- und Unterrichts-
wesen

Auszüge aus der BayEUG

33. Auflage, 2013
Erster Teil
Grundlagen
ART. 1
Bildungs- und Erziehungsauftrag

(1) [1]Die Schulen haben den in der Verfassung ver-
ankerten Bildungs- und Erziehungsauftrag zu
verwirklichen. [2]Sie sollen Wissen und Können
vermitteln sowie Geist und Körper, Herz und
Charakter bilden. [3]Oberste Bildungsziele sind
Ehrfurcht vor Gott, Achtung vor religiöser
Überzeugung, vor der Würde des Menschen
und vor der Gleichberechtigung von Männern
und Frauen, Selbstbeherrschung, Verantwortungsgefühl und Verantwortungsfreudigkeit,
Hilfsbereitschaft, Aufgeschlossenheit für alles
Wahre, Gute und Schöne und Verantwortungsbewusstsein für Natur und Umwelt. [4]Die
Schülerinnen und Schüler sind im Geiste der
Demokratie, in der Liebe zur bayerischen Hei-
mat und zum deutschen Volk und im Sinn der
Völkerversöhnung zu erziehen.

(2) Bei der Erfüllung ihres Auftrages haben die Schulen das verfassungsmäßige Recht der Eltern auf Erziehung ihrer Kinder zu achten.

ART. 2
Aufgaben der Schule

(1) Die Schulen haben insbesondere die Aufgabe, Kenntnisse und Fertigkeiten zu vermitteln und Fähigkeiten zu entwickeln, zu selbstständigem Urteil und eigenverantwortlichem Handeln zu befähigen, zu verantwortlichem Gebrauch der Freiheit, zu Toleranz, friedlicher Gesinnung und Achtung vor anderen Menschen zu erziehen, zur Anerkennung kultureller und religiöser Werte zu erziehen, Kenntnisse von Geschichte, Kultur, Tradition und Brauchtum unter besonderer Berücksichtigung Bayerns zu vermitteln und die Liebe zur Heimat zu wecken, zur Förderung des europäischen Bewusstseins beizutragen, im Geist der Völkerverständigung zu erziehen, die Bereitschaft zum Einsatz für den freiheitlich-demokratischen und sozialen Rechtsstaat und zu seiner Verteidigung nach innen und außen zu fördern, die Durchsetzung der Gleichberechtigung von Frauen und Männern zu fördern und auf die Beseitigung bestehender Nachteile hinzuwirken, die Schülerinnen und Schüler zur gleichberechtigten Wahrnehmung ihrer Rechte und Pflichten in Familie, Staat

und Gesellschaft zu befähigen, insbesondere Buben und junge Männer zu ermutigen, ihre künftige Vaterrolle verantwortlich anzunehmen sowie Familien- und Hausarbeit partnerschaftlich zu teilen, auf Arbeitswelt und Beruf vorzubereiten, in der Berufswahl zu unterstützen und dabei insbesondere Mädchen und Frauen zu ermutigen, ihr Berufsspektrum zu erweitern, Verantwortungsbewusstsein für die Umwelt zu wecken.

(2) Inklusiver Unterricht ist Aufgabe aller Schulen.

(3) Die Schulen erschließen den Schülerinnen und Schülern das überlieferte und bewährte Bildungsgut und machen sie mit Neuem vertraut.

(4) [1]Die Schulleiterin oder der Schulleiter, die Lehrkräfte, die Schülerinnen und Schüler und ihre Erziehungsberechtigten (Schulgemeinschaft) arbeiten vertrauensvoll zusammen. [2]Mit dem Ziel der Qualitätssicherung und –entwicklung gestaltet die Schule den Unterricht, die Erziehung und das Schulleben sowie die Leitung, Organisation und Verwaltung im Rahmen des verfassungsrechtlichen Bildungsauftrags und der Rechts- und Verwaltungsvorschriften in eigener Verantwortung (eigenverantwortliche Schule). [3]Dabei ist die Schulgemeinschaft bestrebt, das Lernklima und das Schulleben positiv und transparent zu gestalten und Meinungsverschiedenheiten in der Zuständigkeit der in der Schulgemein-

schaft Verantwortlichen zu lösen. [4]In einem Schulentwicklungsprogramm bündelt die Schule die kurz- und mittelfristigen Entwicklungsziele und Maßnahmen der Schulgemeinschaft unter Berücksichtigung der Zielvereinbarungen gemäß Art.111 Abs.1 Satz1 Nr.2 und Art. 113c Abs.4; dieses überprüft sie regelmäßig und aktualisiert es, soweit erforderlich.

(5) [1]Die Öffnung der Schule gegenüber ihrem Umfeld ist zu fördern. [2]Die Öffnung erfolgt durch die Zusammenarbeit der Schulen mit außerschulischen Einrichtungen, insbesondere mit Betrieben, Sport- und anderen Vereinen, Kunst- und Musikschulen, freien Trägern der Jugendhilfe, kommunalen und kirchlichen Einrichtungen sowie mit Einrichtungen der Weiterbildung.

Anhang 3

Auszüge aus dem Grundgesetz für die Bundesrepublik Deutschland

vom 23. Mai 1949 (BGBl. S. 1), zuletzt geändert
durch Artikel 1 des Gesetzes vom
23.12.2014 (BGBl. I S. 2438)

Die Grundrechte

Artikel 1

(1) Die Würde des Menschen ist unantastbar. Sie zu achten und zu schützen ist Verpflichtung aller staatlichen Gewalt.

(2) Das Deutsche Volk bekennt sich darum zu unverletzlichen und unveräußerlichen Menschenrechten als Grundlage jeder menschlichen Gemeinschaft, des Friedens und der Gerechtigkeit in der Welt.

(3) Die nachfolgenden Grundrechte binden Gesetzgebung, vollziehende Gewalt und Rechtsprechung als unmittelbar geltendes Recht.

Artikel 2

(1) Jeder hat das Recht auf die freie Entfaltung seiner Persönlichkeit, soweit er nicht die Rechte anderer verletzt und nicht gegen die verfassungsmäßige Ordnung oder das Sittengesetz verstößt.

(2) Jeder hat das Recht auf Leben und körperliche Unversehrtheit. Die Freiheit der Person ist unverletzlich. In diese Rechte darf nur auf Grund eines Gesetzes eingegriffen werden.

Artikel 3

(1) Alle Menschen sind vor dem Gesetz gleich.

(2) Männer und Frauen sind gleichberechtigt. Der Staat fördert die tatsächliche Durchsetzung der Gleichberechtigung von Frauen und Männern und wirkt auf die Beseitigung bestehender Nachteile hin.

(3) Niemand darf wegen seines Geschlechtes, seiner Abstammung, seiner Rasse, seiner Sprache, seiner Heimat und Herkunft, seines Glaubens, seiner religiösen oder politischen Anschauungen benachteiligt oder bevorzugt werden. Niemand darf wegen seiner Behinderung benachteiligt werden.

Artikel 7

(1) Das gesamte Schulwesen steht unter der Aufsicht des Staates.

(2) Die Erziehungsberechtigten haben das Recht, über die Teilnahme des Kindes am Religionsunterricht zu bestimmen.

(3) Der Religionsunterricht ist in den öffentlichen Schulen mit Ausnahme der bekenntnisfreien Schulen ordentliches Lehrfach. Unbeschadet des staatlichen Aufsichtsrechtes wird der Religionsunterricht in Übereinstimmung mit den Grundsätzen der Religionsgemeinschaften erteilt. Kein Lehrer darf gegen seinen Willen verpflichtet werden, Religionsunterricht zu erteilen.

(4) Das Recht zur Errichtung von privaten Schulen wird gewährleistet. Private Schulen als Ersatz für öffentliche Schulen bedürfen der Genehmigung des Staates und unterstehen den Landesgesetzen. Die Genehmigung ist zu erteilen, wenn die privaten Schulen in ihren Lehrzielen und Einrichtungen sowie in der wissenschaftlichen Ausbildung ihrer Lehrkräfte nicht hinter den öffentlichen Schulen zurückstehen und eine Sonderung der Schüler nach den Besitzverhältnissen der Eltern nicht gefördert wird. Die Genehmigung ist zu versagen, wenn die wirtschaftliche und rechtliche Stellung der Lehrkräfte nicht genügend gesichert ist.

(5) Eine private Volksschule ist nur zuzulassen, wenn die Unterrichtsverwaltung ein besonderes pädagogisches Interesse anerkennt oder, auf Antrag von Erziehungsberechtigten, wenn sie als Gemeinschaftsschule, als Bekenntnis- oder Welt-

anschauungsschule errichtet werden soll und eine öffentliche Volksschule dieser Art in der Gemeinde nicht besteht.

(6) Vorschulen bleiben aufgehoben.

Anhang 4

Kurzbiografie der Autoren

Günter Decker wurde am 10.05.1957 in München geboren. Er ist verheiratet mit Sabine Decker, Vater von sechs Kindern, wobei eines das „Down-Syndrom" besitzt und lebt derzeit in München.

1988 schloss er das Studium für Physik erfolgreich mit dem Diplom an der LMU München ab.

Anschließend beendete er in München 1991 das Referendariat für das Lehramt an bayerischen Gymnasien in den Fächern Mathematik und Physik. Seitdem war er als verbeamteter Lehrer für die Stadt München in zahlreichen, unterschiedlichen Funktionen tätig.

Seit dem Schuljahr 2008/2009 übt Herr Decker als Studiendirektor die Funktionsstelle „Fachbetreuer für Mathematik" am städtischen Louise-Schroeder-Gymnasium in München aus.

Er initiierte dort das „EVA-Projekt" (eigenverantwortliches Arbeiten). Es ist ein neues innovatives Konzept der Unterrichtsgestaltung, das als besonderen Zielfokus eine breitere Förderung der Persönlichkeitsentwicklung des einzelnen Schülers besitzt.

Herr Decker organisierte das Projekt in Zusammenarbeit mit dem PI (Pädagogisches Institut) der Stadt München unter der Leitung von Herrn Dr. H. Lehmeier und dem Lehrstuhl für Allgemei-

ne Pädagogik, Erziehungs- und Sozialisations-
forschung an der LMU München unter der Leitung
von Herrn Univ.-Prof. Dr. H. Ditton.

Im Laufe der letzten 28 Jahre hat er zahlreiche
Fortbildungen für Lehrer in der staatlichen, bayerischen Fortbildungsstätte in Dillingen und im PI
der Stadt München in den Fächern Physik, Mathematik, Informatik und Pädagogik gegeben.

Im Jahr 2003 erwarb er das Diplom für Montessori-Pädagogik für die Sekundarstufe.

Von 2003 bis 2008 leitete er den weiterführenden Teil der Privatschule „Montessori-Schule
Biberkor" in Höhenrain am Starnberger See. Er un-
terstützte maßgeblich den innovativen Aufbau
dieser Schule in ihrem 3. bis 8. Lebensjahr.

Sein Aufgabengebiet umfasste den Bereich der
Schulleitung einer Montessori-Hauptschule und
den Bereich der Schulleitung des einzigen bayeri-
schen Montessori-Gymnasiums, das bis zum
Abitur führt. Er war für 40 Kollegen und ca. 250
Schüler verantwortlich.

Dort verwirklichte er Jahrgangsmischungen
und baute die Schulartmischung zwischen Schülern einer Hauptschule und eines Gymnasiums mit
ihren synergetischen Effekten erfolgreich aus.

Unter diesen neuartigen Rahmenbedingungen
entwickelte er gemeinsam mit seinem Lehrerteam
neue Lernmethoden für ein gemeinsames Lernen
in Anlehnung an die Erkenntnisse der modernen
Pädagogik und Entwicklungspsychologie junger
Menschen, sowie an die neuesten Ergebnisse der
neurobiologischen Forschung. Auf die sozialen

Lernprozesse und die soziale Integration legte er in dieser Schule besonderen Wert. So wurden z.B. Kinder mit „Down-Syndrom", als auch Jugendliche mit „seelischer Vereinsamung" sehr erfolgreich in einem gemeinsamen Unterrichtsablauf mit sogenannten „Normalen" und „Hochbegabten" integriert.

Durch eine sehr hohe Durchlässigkeit dieses Systems vor Ort hatten alle Schüler dieser Schule jederzeit die Möglichkeit den „Quali" und auch die „Mittlere Reife – Prüfung" als „Externe" an einer staatlich anerkannten Hauptschule (heute: Mittelschule) und Realschule abzulegen. Damit blieb prinzipiell die Schullaufbahn eines Kindes bis zum Abitur offen, das dann ebenso an einem staatlich anerkannten Gymnasium der Region absolviert werden konnte.

Günter Decker führte diese Schule mit dem Status einer staatlich genehmigten Ersatzschule als eine rhythmisierte, gebundene Ganztagsschule.

Im Jahr 2009 erreichte er bei der Bewerbung auf die Stelle des Stadtschulrats der Stadt München die Vorstellungsrunde.

Seit dem Jahr 2012 ist er Mitglied im Arbeitskreis „SchuleWirtschaft Gymnasium München".

Sabine Decker (geborene Wehrstedt) wurde am 16.02.1981 in Amberg geboren. Sie ist verheiratet mit Günter Decker und Mutter von 2 Kindern und lebt derzeit in München.

2006 schloss sie ihr Studium für das Fach Mathematik erfolgreich mit dem Diplom an der Universität Regensburg ab.

Im darauffolgenden Jahr legte sie das 1. Staatsexamen für Lehramt an Gymnasien in den Fächern Mathematik und Physik ab. Das Referendariat für das Lehramt an bayerischen Gymnasien absolvierte sie schließlich in Altdorf.

Von Oktober 2009 bis Mai 2010 begleitete sie das Projekt High Seas High School als Lehrerin und Betreuerin für die Schüler des Segelschulschiffs.

Seit September 2010 arbeitet sie als Gymnasiallehrerin für Mathematik und Physik am städtischen „Louise-Schroeder-Gymnasium" in München. Sie ist Studienrätin und wurde im Jahr 2012 von der Stadt München verbeamtet.

Seit dem Jahr 2012 ist sie Mitglied im Arbeitskreis „SchuleWirtschaft Gymnasium München".

Im Frühjahr des Jahres 2015 erwarb sie in München das Diplom in der Montessori-Pädagogik für die Sekundarstufe.

Quellen und Literatur

JUUL, Jesper. „Dein kompetentes Kind. Auf dem Weg zu einer neuen Wertgrundlage für die ganze Familie." Rowohlt Taschenbuch Verlag Reinbek bei Hamburg. 9. Auflage 2012

JUUL, Jesper. „Grenzen, Nähe, Respekt. Auf dem Weg zur kompetenten Eltern-Kind-Beziehung." Rowohlt Taschenbuch Verlag. Reinbek bei Hamburg. 6.Auflage 2013

HASPEL, Saskia. „Kosmische Erziehung gestern – heute – morgen. Vom Prinzip zur Weiterentwicklung." In: DAS KIND, Nr. 35, 1.Hj. 2004.

HÜTHER, Gerald. „Was wir sind und was wir sein könnten. Ein neurobiologischer Mutmacher." S. Fischer Verlag GmbH, Frankfurt am Main. 5. Auflage 2014.

MEISTERJAHN-KNEBEL, Gudula. „Leistung – ein Fremdwort in der Montessori-Pädagogik?"

MONTESSORI, Maria: „Das kreative Kind. Der absorbierende Geist". Verlag Herder Freiburg im Breisgau 1972. 17. Auflage

MONTESSORI, Maria: „Kinder sind anders. Kinder fordern uns heraus." Klett-Cotta Verlag, Stuttgart, 16. Auflage 2012

MONTESSORI, Maria: „Kosmische Erziehung. Die Stellung des Menschen im Kosmos, Menschliche Potentialität, Von der Kindheit zur Jugend". Verlag Herder Freiburg im Breisgau 1998. 5. Auflage.

MÜLLER, Andreas: „Eigentlich wäre Lernen geil. Wie Schule (auch) sein kann: alles außergewöhnlich." H.e.p. Verlag ag Bern. 1. Auflage 2006.

PHILLIPS, Katherine W.: Der Vorteil sozialer Vielfalt, in: Spektrum der Wissenschaft 7/15 (2015), S. 63-66.

SCHNEIDER, Wolfgang; LINDENBERGER, Ulman. Entwicklungspsychologie. Weinheim, Basel: Beltz Verlag 2012. 7. Auflage 2012.

SPITZER, Manfred. Lernen. Gehirnforschung und die Schule des Lebens. Heidelberg: Spektrum Akademischer Verlag 2009. 1. Auflage 2006.

Quellen aus dem Internet:

arbeits-abc.de. Was sind eigentlich Schlüssel-qualifikationen.
URL: http://arbeits-abc.de/was-sind-eigentlich-schluesselqualifikationen (24.02.2015)

Bundesamt für Arbeit und Soziales (BMAS). Behinderte Menschen gehören in die Mitte der Gesellschaft.
URL: http://www.bmas.de/DE/Service/Presse/Pressemitteilungen/nationaler-aktionsplan.html (15.06.2011)

DIHK - Deutscher Industrie- und Handelskammertag e. V. | Berlin | Brüssel. Ausbildung 2011 - Ergebnisse einer IHK-Online-Unternehmensbefragung
URL: http://www.hannover.ihk.de/fileadmin/data/Dokumente/Themen/Aus_und_Weiter bildung/Ausbildung/110411_ausbildungs-umfrage2011.pdf (11.April 2011)

EISSING, Günter. Einfluss der Frühstücksqualität auf die mentale Leistung.
URL: http://www.schulmilch-fuer-alle.de/public/Eissing_Fruehstueck_Leistung.pdf (24.02.2015)

HAUSSCHILD, Jana. Sind Schulnoten noch zeitgemäß.
URL:http://www.spektrum.de/news/sind-schulnoten-noch-zeitgemaess/1312119 (22.10.2015)

My Handycap. My Chance für Menschen mit Behinderung. Inklusion- Ein Paradigmenwechsel im Sozialen.
URL: http://www.myhandicap.de/inklusion-integration-walter-beutler.html (Stand: 09.04.2015)

Sekretariat der Ständigen Konferenz der Kultusminister der Länder in der Bundesrepublik Deutschland. Bildungsstandards im Fach Mathematik für die Allgemeine Hochschulreife (Beschluss der Kultusministerkonferenz vom 18.10.2012)
URL: https://www.kmk.org/fileadmin/Dateien/veroeffentlichungen_beschluesse/2012/2012_10_18-Bildungsstandards-Mathe-Abi.pdf (25.10.2015)

Springer Gabler Verlag (Herausgeber), Gabler Wirtschaftslexikon, Stichwort: Gütekriterien,
URL: http://wirtschaftslexikon.gabler.de/Archiv/8648/guetekriterien-v7.html (24.02.2015)

STANGL. Forschungsmethoden. Gütekriterien.
URL: http://arbeitsblaetter.stangltaller.at/FORSCHUNGSMETHODEN/Guetekriterien.shtml (24.02.2015)

STAUDINGER, Melanie: Von Bestnoten weit entfernt.
URL: http://www.sueddeutsche.de/muenchen/befragung-zum-schulklima-von-bestnoten-weitentfernt-1.2166949 (10.10.2014)

Sozialverband VDK Bayern. Inklusion und Integration.
URL: http://www.vdk.de/bayern/pages/26741/inklusion_und_integration (09.04.2015)

visible-learning.org. Hattie-Rangliste: Einflussgrößen und Effekte in Bezug auf den Lernerfolg.
URL: http://visible-learning.org/de/hattie-rangliste-einflussgroessen-effekte-lernerfolg (25.11.15)

Wikipedia. Schlüsselqualifikationen.
URL: http://de.wikipedia.org/wiki/Schlüsselqualifikation (24.02.2015)

Endnoten:

[i] vgl. STAUDINGER, Melanie: Von Bestnoten weit entfernt.URL: http://www.sueddeutsche.de/muenchen/befragung-zum-schulklima-von-bestnoten-weitentfernt-1.2166949 (Stand: 10.10.2014)

[ii] vgl. visible-learning.org. Hattie-Rangliste: Einflussgrößen und Effekte in Bezug auf den Lernerfolg. URL: http://visible-learning.org/de/hattie-rangliste-einflussgroessen-effekte-lernerfolg (25.11.15)

[iii] vgl. JUUL, Dein kompetentes Kind, a.a.O., S. 97ff.

[iv] vgl. Springer Gabler Verlag (Herausgeber), Gabler Wirtschafts-lexikon, Stichwort: Gütekriterien, URL: http://wirtschaftslexikon.gabler.de/Archiv/8648/guetekriterien-v7.html (24.02.2015)

[v] vgl. HAUSSCHILD, Jana. Sind Schulnoten noch zeitgemäß? URL http://www.spektrum.de/news/sind-schulnoten-noch-zeitgemaess/1312119 (22.10.2015)

[vi] vgl. Sekretariat der Ständigen Konferenz der Kultusminister der Länder in der Bundesrepublik Deutschland. Bildungsstandards im Fach Mathematik für die Allgemeine Hochschulreife (Beschluss der Kultusministerkonferenz vom 18.10.2012) URL https://www.kmk.org/fileadmin/Dateien/veroeffentlichungen_beschluesse/2012/2012_10_18-Bildungsstandards-Mathe-Abi.pdf (25.10.2015)

[vii] arbeits-abc.de. Was sind eigentlich Schlüsselqualifikationen. URL http://arbeits-abc.de/was-sind-eigentlich-schluesselqualifikationen (24.02.2015)

[viii] http://de.wikipedia.org/wiki/Schlüsselqualifikation (24.02.2015)

[ix] arbeits-abc.de. Was sind eigentlich Schlüsselqualifikationen. URL http://arbeits-abc.de/was-sind-eigentlich-schluesselqualifikationen (24.02.2015)

[x] http://www.bmas.de/DE/Service/Presse/Pressemitteilungen/nationaler-aktionsplan.html

[xi] http://www.vdk.de/bayern/pages/26741/inklusion_und_integration

[xii] http://www.myhandicap.de/inklusion-integration-walter-beutler.html

[xiii] vgl.vdk.de. URL: http://www.vdk.de/bayern/pages/26741/inklusion_und_integration

[xiv] vgl. DIHK - Deutscher Industrie- und Handelskammertag e. V.| Berlin | Brüssel . Ausbildung 2011 - Ergebnisse einer IHK-Online-Unternehmensbefragung

URL:http://www.hannover.ihk.de/fileadmin/data/Dokumente/Themen/Aus-_und_Weiterbildung/Ausbildung/110411_ausbildungsumfrage2011.pdf (Stand: 11.April 2011)

xv Vgl. gruender-mv.de. URL: http://www.gruender-mv.de/news/archiv/themen_archiv/2014/3004.html?listurl=%2Fnews%2Farchiv%2Fthemen_archiv%2Findex.html (24.02.2015)

xvi Phillips, Katherine W.: Der Vorteil sozialer Vielfalt, in: Spektrum der Wissenschaft 7/15 (2015), S. 63.

xvii Vgl. Phillips, Katherine W.: Der Vorteil sozialer Vielfalt, in: Spektrum der Wissenschaft 7/15 (2015), S. 63-66.

xviii vgl. MEISTERJAHN-KNEBEL, Gudula. „Leistung – ein Fremdwort in der Montessori-Pädagogik?"

xix vgl. SPITZER, Manfred. Lernen. Gehirnforschung und die Schule des Lebens. Heidelberg: Spektrum Akademischer Verlag 2009. 1. Auflage 2006, S. 157ff.

xx vgl. HÜTHER, Gerald. „Was wir sind und was wir sein könnten. Ein neurobiologischer Mutmacher." S.Fischer Verlag GmbH, Frankfurt am Main. 5. Auflage 2014, S.68ff.

xxi vgl. HASPEL, Saskia. „Kosmische Erziehung gestern-heute-morgen. Vom Prinzip zur Weiterentwicklung." In: DAS KIND, Nr.35, 1.Hj. 2004.

xxii vgl. SPITZER, Lernen, a.a.O., S.73ff.

xxiii vgl. MÜLLER, Andreas: „Eigentlich wäre Lernen geil. Wie Schule (auch) sein kann: alles außergewöhnlich." H.e.p. Verlag ag Bern. 1.Auflage 2006, S. 12f.

xxiv vgl. HÜTHER, Was wir sind und was wir sein könnten, a.a.O., S. 52f.

xxv vgl. MONTESSORI, Maria: „Kinder sind anders". Klett-Cotta Stuttgart, 16. Auflage 2012, S. 182f.

xxvi vgl. MONTESSORI, aus: Die Entdeckung des Kindes: Kapitel „Disziplin und Freiheit"

xxvii vgl. SPITZER, Lernen, a.a.O., S.181

xxviii vgl. JUUL, Jesper: „Dein kompetentes Kind.", Rowohlt Taschenbuch Verlag, Reinbek bei Hamburg. 9. Auflage 2012, S.46ff.

xxix vgl. SCHNEIDER, Wolfgang; LINDENBERGER, Ulman. Entwicklungspsychologie. Weinheim, Basel: Beltz Verlag 2012. 7. Auflage 2012, S.225ff.

xxx vgl. MONTESSORI, Kinder sind anders, a.a.O., S.65ff.

xxxi vgl. SCHNEIDER et al., Entwicklungspsychologie, a.a.O., S.212ff.

xxxii vgl. SCHNEIDER et al., Entwicklungspsychologie, a.a.O., S.242ff.

xxxiii vgl. JUUL, Dein kompetentes Kind, a.a.O., S. 246ff.

xxxiv siehe Anhang 1

xxxv MONTESSORI, Maria: „Das kreative Kind. Der absorbierende Geist". Verlag Herder Freiburg im Breisgau 1972. 17. Auflage. S. 84

xxxvi vgl. MÜLLER, Andreas: „Eigentlich wäre Lernen geil. Wie Schule (auch) sein kann: alles außergewöhnlich." H.e.p. Verlag ag Bern. 1.Auflage 2006, S. 14f.

xxxvii MONTESSORI, Maria: „Kosmische Erziehung. Die Stellung des Menschen im Kosmos, Menschliche Potentialität, Von der Kindheit zur Jugend". Verlag Herder Freiburg im Breisgau 1998. 5. Auflage. S.54

xxxviii vgl. EISSING, Günter. Einfluss der Frühstücksqualität auf die mentale Leistung. URL http://www.schulmilch-fuer-alle.de/public/Eissing_Fruehstueck_Leistung.pdf, S. 22-27

Zeitfracht Medien GmbH
Ferdinand-Jühlke-Straße 7
99095 Erfurt, Deutschland
produktsicherheit@kolibri360.de